나를 찾아가는 길

우탁 스님
禪詩·禪散文集
Ⅱ

나를 찾아가는 길

도서
출판 해 암

| 찾아가는 길 |

　나를 찾아가는 길
　참 나, 대저 나는 누구인가를 찾아 헤매던 십수 년의 그 화두, 이젠 이순耳順의 마지막 언덕에서 다시금 정립을 해보고자 이 글을 엮는다.
　참 나, 나는 누구인가? 나는 무엇인가? 라는 당면 주제에 내 마음의 주제자라고 하는 이 주인공, '나' 란 과연 어떤 존재인가?
　세상에 올때의 길은 하나였는데 저세상에 가는 길은 수천길이 있으니 어느 길로 갈련지는 지금은 모른다.
　세상은 넓고도 큰 데 무상無常한 이 한 몸이 무상한 몸을 체體로 그 마음을 묘용妙用으로 삼아 진정한 나를 찾는 일이 바로 해탈일 것입니다. 그래서 진정한 나를 본래인本來人이라고 많은 선지식인들께서는 말하지 않았던가?

본래인本來人이란?

본래면목本來面目의 다른 표현으로 깨달은 경지에서 볼 수 있는 모든 인간들이 가지고 있는 심성을 뜻한다.

조금도 그 인위가 더해지지 않는 자연 그대로의 심성을 뜻하는 것인 고로, 본지풍광本地風光, 주인공主人公, 무위진인無爲眞人과 같은 말을 쓰기도 한다.

그 본래지本來知를 찾아 낙동강 옆 구진산에 은거한 지도 31년 이젠 환골탈태하여 영원한 고향인 저 언덕 니르바나(평안)를 향해 정진할 것입니다.

고통이란?

깨달음이란?

그 원리전도몽상에서 벗어나 저 아뇩다라샴먁샴보리심(깨달음)

를 증득하여 진여의 길로 나아갈 것입니다.

　40여 년 동안 주인공 찾아 헤매어도 찾지 못했으니 행여나 저 곳에는 있을까 싶어 법당문을 열고보니 부처님도 주인공도 보이지 않고 그림자 껍데기만 있구나 부처님, 주인공 손 안에 움켜쥐고 찾았으니 보일리는 없겠지, 움켜쥔 손펴는날 그날은 언제일까.

　그 진여 된 길에 이고득락離苦得樂할 환희심歡喜心이 보이리라.

　자기성찰로 자기개혁과, 자기제도로 거듭나야 그 환희심을 엿볼 수 있을 것입니다.

　훗날 소납처럼 의로운 이 길을 가는 이에게 이정표와 같은 귀감이 있으라.

　마하반야바라밀.

불기 2563년 초봄에
영월 우 탁 합장

| 차례 |

1_ 나는 누구인가

나는 누구인가	14
나는 누구인가를 놓지 않으면	18
나는	24
我	27
나는 무엇인고	30
나	33
나	34
나	35
나	36
나	37
나	38
나	40
나	41
나	42

| 차례 |

2_ 불교란 무엇인가

나를 찾으라	44
성철큰스님 납자(수행자)십계	66
무애설법無碍說法	74
삼덕三德이란 무엇인가	78
삼장사마三障四魔를 없애자	81
육바라밀	84
당신은 부처님	90
법화경으로 본 인불사상	96

3_ 님은 알고나 있을까

바른 신앙을 위한 조언	110
탐욕을 버림이 행복	116

| 차례 |

4_ 삶의 길

생   124
생生   127
빈손空手으로   131
존재存在란?   134
나 몇그램인가   136
집착을 버리면 행복하거늘   139
삼세인과三世因果를 잊지 말라   143
불심을 잊지 말라   155

5_ 선시감상

선禪이란?   162
선승禪僧의 여섯 가지 기본 성격   175

| 차례 |

경허스님과 참선곡   179
나옹스님과 청산곡   186
선시 감상 무의자 진각국사 탐색과 깨달음   195
재물은 공덕을 쌓는데 써야   244
육안의 재물에 집착하지 말라   251
청화대선사 발원문   256
곽암선사 십우송   259
순치 황제 출가시   263
부설거사 사부시   266
학명선사 왕생가   269
향산거사 백낙천 서원   271

1

나는 누구인가

나는 누구인가

별마로 천문대에 새벽별 빛나는데
밝은 달 솔바람에 시나 쓰는 범부 인생
고요한 적막강산을 사랑하며 사는 나

마음도 뜸이 들면 부처가 될 모양이다
생각의 사념 끝에 환희심이 묻어오면
고향집 환한 살구꽃 삼월 같은 마음이다

내가 살던 고향집은 아득한 꽃구름 속
황량한 가을 들판 흰 눈 덮힌 처사 론데
그 언제 봄은 다시 와 진달래 길 찾아 갈거나

귀뚜리 울음 따라 우수수 낙엽지고
인생도 나이 들면 저 모양이 되나 보다
덧없는 유수를 잡고 행여 울어나 볼까

행복에 겨워 운다 참 나를 잊었는가
온 곳도 모를 인생 갈 곳을 염려하다
세상은 만법귀일인데 어디에다 꿈을 두랴!

삼라만상이란?
저 광대무변한 우주 법계와 영겁의 시류 속에서
대체 나는 누구인가?
어디서 왔다가 어디로 갈 것인가?

생이란?
구름 한 점 일어남이요.

죽음이란?
그 구름 살아짐이라
나는 이 커다란 두 길을 걸으며
내 한 삶을 들여다보며
내 마음 밭에 내 농사지으며
내 채전에 내 나물 가꾸며 내 책 내가 펴고
내 샘물 마시고 내 염불 내가 하고

내 현묘함을 내가 지키며

존재란?
물음에 내 영혼을 시어에 담아 진선미를
노래하고 본연의 실상을 노래함이다.

   백팔결百八結* 풀어내려
   벽 앞에 좌정坐定*하고
   여러 해를 지새우면
   백상白象* 등에 올라
   백화난만百花爛漫 길을 따라
   화엄세계華嚴世界에 들려하나
   인연 하나 끊어내면
   번뇌 둘이 쌓여가니
   쌓이고 쌓이는 번뇌 속에
   마음만 속절없이 바쁘네
   그러한들 어떠리
   부질하면 어떠리
   서원誓願 하나

이루지 못해도 어떠리

내 한 몸 불사르러

어둠을 밝히는 촉(燭)이 되고

탁함이 없애는 향(香)이 되면

깨달음 얻지 못한

미련한 중일지라도

밥값은 한 것일지니

*좌선(坐禪) - 고요히 앉아서 참선함.
*백팔결(百八結) - 백팔번뇌(百八煩惱)
*좌정(坐定) - 자리 잡아 앉음.
*백상(白象) - 흰 코끼리
*백화난만(百花爛漫) - 온갖 꽃이 피어 흐드러짐.
*화엄세계(華嚴世界) - 만행(萬行)과 만덕(萬德)을 닦아 덕과(德果)를 장엄하게 함.
*서원(誓願) - 원(願)을 세우고 그것을 이루고자 맹세하는 일.

- 「좌선」 전문

나는 누구인가를 놓지 않으면

돌담 밑에서는 이름 모를 꽃들의 새싹이 돋고 도량 한 쪽에 있는 목련도 날로 잎눈이 커져가니 계절은 인제 완연한 봄이다.
봄이되면 이것저것 할 일이 많아져 괜스레 바빠지는데 마침 시간이 나서 그동안 물주기를 망설여왔던 소나무분재에 물을 주었다.

바람 잠들자
풍경소리도 멎어
고적孤寂*한 산사
법당에 들어
향촉香燭*밝히고
올리는 간절한 기도
은은한 향 내음에
목탁소리 염불소리

잔잔히 스며드니

얽히고 얽혀던 인연

마디마디 풀어져

망상妄想이 바로 서네

벗님 함초롭고*

다님* 방긋 웃는

이 좋은 밤

백팔번뇌 사라지니

내 어찌 불국토佛國土에

들어서지 않을 손가

*선정(禪定) – 한마음으로 사물을 생각하여 마음이 하나의 경지에 정지하여 흐트러짐이 없음.
*고적(孤寂) – 외롭고 쓸쓸함
*향추(香楸) – 향과 초
*함초롭고(함초―) – 젖거나 서려있는 모습이 가지런하고 차분하다.
*다님 – '달님'을 멋스럽게 이르는 말.
*불국토(佛國土) – 부처님이 계시는 국토 또는 부처님이 교화하는 국토

– 「선정禪定」 전문

  지난 늦가을에 딱히 들여놓은 공간이 없어서 자그마한 평상을 만들어 그 위에 올려놓았던 소나무분재들이었다.

  지난 겨우내 소나무분재들은 흙먼지가 쌓이고, 눈보라와 찬바람에 시달리느라 추레한 모습이었으나 그럼에도 불구하고 작은 소나무분재들은 마치 거대한 소나무와 같이 겨울을 이겨냈고, 추운 겨울을 꿋꿋하게 버틴 소나무분재들은 며칠동안이지만 따스한 봄볕을 받아 시나브로 제빛을 찾아가고있던 중이었는데 물을 주자 더욱 푸른 빛을 띄었다.

그런 작지만 웅크리고 있는 가운데 가지를 굽이치며 뻗어 나가는 소나무분재에서 인간의 삶의 굴곡을 엿본다.

인간의 삶도 소나무처럼 굴곡져 있다.

살아가면서 삶의 굴곡이 없는 사람은 단 한명도 없다.

우리가 살아가는 사바세계는 일정한 영역에서 종교와 가치관, 언어와 문화, 규범을 같이 상호 공유하고 특정한 제도와 조직을 형성하고 그 속에서 살아가는 것이다.

그래서 살아간다는 것은 홀로 존재한다는 것이 아니라 주위의 사람들과 부대끼고 어울리는 것이고, 그 부대낌과 어울림 속에서 때로는 기쁨에 웃기도 하고 슬픔에 눈물짓기도 한다.

바람 불자 숲은
낙엽으로 어지럽고
비 내리자 꽃은
고개 떨구어 추레하네*

바람 불자 숲은
낙엽으로 아름답고
비 내리자 꽃은
색깔 짙어져 생기롭네
만유萬有*의 실상實相
그 모습 그대로인데

시시때때 변하는 것은
중생의 마음이네

*주레하네 - 길모양이 깨끗하지 못하고 생기가 없네
*만유(萬有) - 우주에 존재하는 모든 것

– 「마음」 전문

그러나 만유는 제행무상諸行無常이다.

만유는 그 어느 것도 불변하지 않는 것은 없다는 것이다. 이는 인간사 희로애락도 마찬가지이다.

기쁜 일도 영원하지 않고, 슬픈 일도 영원하지 않다.

기쁨도 한 때이고 슬픔도 한 때이다.

살아가면서 기쁨만 지속된다면 사람은 오만해지게 된다.

살아가면서 슬픔만 계속된다면 사람은 좌절하게 된다.

그 기쁨과 슬픔이 반복되고 그 반복 속에서 곧게 뻗어나가다 휘어지기도 하는 것이 삶이다.

그러니 어렵고 슬픈 일이라고 좌절할 필요가 없다.

아니 오히려 어렵고 슬픈 일이 있을 때일수록 비관적이기보다 낙관적인 인생관을 가져야 한다.

인생에서 소중한 것은 재물이 아니다.

인생에서 소중한 것은 권력이 아니다.

인생에서 소중한 것은 명예가 아니다.

인생에서 소중한 것은 자신이 누구인가를 분명하게 아는 것이다.
그리고 그 '나는 누구인가'를 항상 놓지 않아야 한다.
나는 누구인가를 놓지 않으면 재물이 적다고해도 재물을 많이 소유하고 있음을 부러워하지 않게 된다.
나는 누구인가를 놓지 않으면 권력이 미미하다고 해도 강력한 권력을 부러워하지 않게 된다.
나는 누구인가를 놓지 않으면 명예가 낮다고 해도 높은 명예를 부러워하지 않게 된다.

잡초들이 무성한
밭독이면 어떻고
넝쿨줄기 뻗어나는
자드락*이면 어떠리
볼품없는 꽃일지라도
하르르한* 아침 햇살에
차차롬히* 입술 열어
가방佳芳* 날리어서
벌에게 청밀淸蜜* 주고
탐스런 열매 맺어주니
네가 바로 자비를

실천하는 화신化身이구나

*자드락 - 나지막한 산기슭의 비탈진 땅
*하르르한 - 얇고 매우 보드라운
*차차롬히 - 차츰
*가방(佳芳) - 좋은 향기
*청밀(淸蜜) - 꿀

- 「꽃」 전문

　나는 누구인가를 놓지 않으면 재물도 권력도 명예도 모두 허무한 것임을 알게 된다. 그래서 작은 것에 만족하고 기쁨을 갖게 된다.
　그런 경지에 이르면 그것이 해탈이 아니고 그 무엇이겠는가.

나는

　금강경에는 사구게가 있는데 범소유상凡所有相이 개시허망皆是虛妄이니 약견若見 제상비상諸相非相이면 즉견여래卽見如來니라.
　무릇 있는 바 모든 현상이 다 허망하니 만약 모든 상을 상이 아님을 보면 곧 여래를 본 것이니라.
　보이는 몸이 나라면, 보이는 나, 안 보이는 나, 나는 둘인가? 몸이 나라면 날마다 달라지는 나, 마음이 나라면 생각마다 달라지는 나, 세월 따라 생각 따라 한도 없이 달라지는 숱한 나, 나는 어느 나를 나로 바로 삼을 것인가?
　옷 골라 입듯 골라가며 나를 삼을 것인가?
　헌신짝 버리듯이 버려가며 나를 삼을 것인가?
　어느 나를 골라잡고 어느 나를 버리고 나를 나라고 할 건가?
　죽어서 화장하거나 땅에 묻히는 무덤이 나인가?

뼈가 나인가?
혼이 빠져나갔으면 무덤은 주인 없는 빈집.
뼈는 병아리 깨고 나간 계란껍질 같은 것.
그래도 내 무덤 내 뼈인가?
내 부모, 내 자식, 내 몸, 내 마음, 내 땅, 내 집, 내 것 하는데.
내 몸이 죽어 흩어진 흙, 물, 바람, 온기를 비단 보자기에 싸들고 다닐 내가 있어야 진정한 참 나인 영원한 내가 아닌가?
도무지 알 수 없는 나, 대저 나는 누구인가?

칠 일에 한 번씩
일곱 번 잔치를 하고
백 일이 되어
백일잔치를 하고
1년이 되어
돌잔치를 했는데
나 죽으면
칠 일에 한 번씩
일곱 번 제사를 지내는
사십구재를 하고
백 일이 되면
백일재를 지내고
1년이 되면
초재를 지내리

삶에 있어서
태어남은 죽음의 세계로
가는 시작이고
죽음은 태어남의 세계로
가는 시작이니
어찌 인생사
무상無常*하지 않겠는가

*무상(無常)-상주(常住)하는 것이 없다는 뜻으로, 나고 죽고 흥하고 망하는 것이 덧없음을 이르는 말

- 「나」 전문

　　다섯(색, 수, 상, 행, 식) 오온의 가지로 화합한 가짜의 나란 세 가지 모습은 신상으로 보이는 나, 잘 생기고 못 생기고 늙고 병들어 죽어서 흙, 물, 바람으로 흩어지는 나, 비상非相 안 보이는 나, 좋은 생각, 나쁜 생각, 좋은 버릇, 나쁜 버릇 상비상相非相 보이는 나, 즉 상相 안 보이는 나, 비상非相이 하나 되어 짓는 나, 이승 저승을 오가는 나, 나쁜 짓하여 아귀 축생 지옥 가는 나, 착하고 좋은 일하여 극락 천국으로 가는 나, 육바라밀의 행과 팔정도의 선으로 살려주는 참 나는 염불과 참선으로 마음을 세탁하는 일 뿐이다.

我

생각만 하여도 상기된다.

겨우내 얼었던 산하대지가 풀린다.

웅크렸던 산천초목이 기지개를 켜고 일어서는 것만 같다.

봄비가 내린다. 강상에는 안개가 허리띠를 감으며 산 위를 감돈다!

그 위에 왜가리가 청송을 벗하며 곱디고운 자태를 뽐낸다.

다함이 없는 위대한 풍광이요. 자연의 실상이 아닌가!

이 오묘한 자연 앞에 내 어찌 예배를 하지 않으랴!

맑은 바람이 불어 상쾌하다 주야로 쉬지 않는 강물이 있어 마음이 즐거워진다.

여기에 내 어찌 시가 없으랴!

세상사 모든 시름 낙동강에 흘러 보냈다.
인간사 모든 영욕 풀끝에 이슬인 걸
내 어찌 무위자연을 멀리할 수 있으랴.

내 허물 벗으려고 구진산 벗을 삼아
사색의 진리 찾아 칩거생활 십수 년에
고요 속 마음을 놓아 마음 거울 들여다 본다.

이것과 저것들이 난무하는 요즘 세상
탐욕의 이익 좇아 자기분신 망각하고
스스로 욕되게 하는 이 마음을 어이할꼬.

이 몸이 무상한 줄 세월에 물었더니
세월은 오가지도 않았다 하는 변증
사대는 쉴 틈도 없이 변한다고 말한다.

- 「나」 본문 中

   이렇듯 나와 자연은 하나이다. 봄풀이 실개천에서 초록 눈을 싹 틔운다. 송사리들이 봄나들이 가는 길 멀리 석양천에 저녁 연기가 하루의 일상을 알린다.
   고요는 어두움을 싣고 뒷산에 둥근 달이 초당을 배회하며 대자연의 사고무침을 억년 빛으로 그 존재를 뿌린다.

산굽이를 돌아서면
정상이 보이려나
물굽이를 감아 돌면
바다에 이르려나

숲은 깊고 깊어
앞이 보이지 않고
물줄기는 길고 길어
끝이 보이지 않아

길을 떠나기 전에는
길의 의미를 몰랐었는데
길을 떠난 후에야
길의 의미를 아네

- 「길」 전문

나는 무엇인고

먼 옛날 서쪽에서 이어 온 이 한 노래
그 소리 하도 맑아 하늘에 솟구쳐서
산마다 울리는 풍경 골골마다 가람이다

나의 삶 나를 찾아 고행의 바다에서
인간의 내면적인 참 모습의 길을 밝혀
실다운 세상을 향해 환희심을 열었다

온화한 달님 성품 보섭의 길이라며
자기를 바라보는 성찰을 인도하여
참 삶의 수레를 굴려 가는 길을 일렀다

한 생각 이는 잣대 바른 생각 견해이다
말없이 흘러가는 흰 구름 자유처럼
한 세상 걸림이 없는 무애심을 노래했다

모양도 없는 것에 보리심을 다독이며
내 안의 정법안장 곳집을 갈무리며
고요 속 그 온화함의 자비심을 심었다

예경의 대상은 마음에 있는 거고
어떠한 행위에는 결과가 따르는 법
그 희비 열고 닫음이 만 갈래나 되는 법

존재하는 모든 것은 바람처럼 무상하다
시시로 다가오는 이 세월을 어찌하랴
나고는 죽은 저 육도 고해중생이 아닌가?

나라고 생각하는 아집에서 못 벗어나
평생을 그릇 친 삶 바라밀에 의지하여
이제야 참 나를 찾아 자유로이 가리다

탐 진 치 삼독에서 보살도로 살아가리
성불은 오직 이 길 불 밝혀 나가리다
진리의 몸을 다투어 지혜광명 얻으리

세상은 마음 따라 지어진 빈 그림자
한 마음 일고 지는 파도 같은 중생 마음
지혜는 고마운 등대 닦는 마음 밝은 마음

어디서 무엇을 가지고 왔었기에
무엇을 가지고 어디로 갈 것인가
무아란 한 마음 생각 의구심만 깊어간다

청풍이 머문 곳에 마음달이 비추도다
무심천 날아가는 푸른 학 자유롭네
마음이 부처이시라 걸림없는 한 수레.

나

사람이 만물 가운데
가장 귀하다는 것은
'나'를 찾아서 바로 보는 데 있느니라.
불법은 사량思量으로는 안다는 것에
도리가 있는 것이 아니라
허공이 가장 무서운 줄을
알아야 하느니라.
물심이라면
우주의 정체는 따로 있으니
마음의 고향을 찾아
회광반조回光返照*하는 것이
법훈이다.
이를 잘 요지할 지어다.

---

* 회광반조回光返照 - 선종에서 쓰이는 말. 언어 문자에 의지하지 않고 자기를 회고 반성하여 심성을 바로 보는 것.

나

나란
본래의 모습은
에너지란 속성물의 굴레 속에서
눈, 귀, 코, 입, 몸, 뜻에 따라 작용하는
마음처의 실상을 안고
눈으로 보고
귀로 듣고
코로 냄새를 맡고
몸으로 행주좌와行住坐臥* 하는 가운데
뜻에 따라서
인因과 연緣을 맺는
탐·진·치貪瞋癡란 삼독三毒 안에
내가 있다는 것을 알았었지요.
지금의
모습
나 말입니다.

---

*행주좌와行住坐臥 – 다니는 것, 머무는 것, 앉는 것, 눕는 것. 우리들이 날마다 하는 동작. 4위를 말한다.

나

나
나를 찾아
깨달음의 주인공인 나를 찾아
커다란 두 길이 있다는 걸 알았습니다.
인因과 연緣의 결과 속에
업보業報의 고행苦行을 떠나
부처님의 가르침이 마음 속에 있다는 것에
선禪과
교敎를 알았습니다.
불이문不二門 당신의 문을 두드린 까닭에
끝내는 선禪과 교敎는
두문이 아닌 중도中道의 길이란 걸 안 나는
지금의
나
나의 모습입니다.

나

나
본래
무일물無一物하였으니
청정법신淸淨法身이었나 보다
시간 이전 공간 이전
태초의 본래지本來知는 나이다.
그 어느날 삶이란 명제의
습성지習性知에서 노닐다가
본래 모습을 잃고
적조의 고향을 찾아 헤매이었으나
아뇩다라 샴막샴보리가
마음 안에 있다는 걸 깨달아
한 수레에 걸림이 없는 사람
본래 모습대로 돌아가리라

나

나는
나란 주인공인 까닭에
여기선 머물 수 없으니
참 나를 찾아 떠나야 한다
나를 찾아서…
마하반야바라밀
마하반야바라밀.

나

빛으로 동녘이 열리는자 하더니
지은 것 하나 없는데 어느덧
어둠으로 서녘이 잠기니
어제와 같은 오늘을 보냄에
좌복坐服을 부여잡고 통곡을 하지만
그 대상을 알 수 없어 맥맥하네*

밤은 나를 쉬라하지만
온 종일 취한 것 하나 없고
내 안의 들어있는 너는
여전히 아스라하기만* 하여
내 안의 너를 찾지도 못했는데
내 어이 쉴 수 있겠는가

한오백년 살 것 같아
휘 두르며 살아왔지만
내 안의 너를 마중도 못하고
육신은 어느덧 도래솔*되었으나

그래도 내안의 너를 찾고 있음에
밤이 어둡기만 하지 않네

---

*맥맥하네 - 생각이 잘 돌지 않아 답답하네
*아스라하기만 - 기억이 분명하게 나지 않고 가물가물만
*도래솔 - 무덤가에 죽 늘어선

나

나는
누구인가
나
부모 그 미생전에는 무엇이었나?
삼계에 떠돌던
그 무엇이었나
무위자연 속의 에너지였었나
나
온 곳을 몰라
묻노니
갈 곳은 어디인가
주인공아
주인공아
내 몸을
조용히
깊이 관할지어다.

나

나
주어진
한 목숨이
다하는 날이 오면
나는 저세상에서
어떻게 살았는지
존재란
값의 물음을
어떻게 답할건가

나

나
때늦은
알음알이 속
본래지本來知와 습성지習性知를 쫓고 쫓아
예경을 드려야 할 심주心柱를 찾아
그 비밀스런 자리에
기도와
참회 속에서
참 나의 거울을 보며
만고의 진리를 따라
무위無爲 자연 속에 상주할
나를 봅니다
그저
주인공인
참 나를
찾아봅니다.

2

불교란 무엇인가

나를 찾으라

불교에서는 마음을 매우 중요하게 여기고 있다.

마음은 단어적으로는 인간이 본래부터 지닌 성격이나 품성으로 사람이 다른 사람이나 사물에 대하여 감정이나 의지나 생각 따위를 느끼거나 일으키는 작용을 말한다. 이런 마음은 일반적으로 정신과 같은 의미로 사용되기도 하고, 심리학적으로는 의식을 의미하기도 하고 육체나 물질이 상대적인 개념으로 이념을 의미하기도 한다. 그러나 불교에서는 마음을 만유를 물질(色)과 마음(心)으로 나누었을 때의 마음을 말한다.

이 경우 마음은 천지자연의 이치이자 우주의 법칙인 천리天理를 의미한다. 천지자연의 현상이나 우주의 법칙은 다름 아닌 이 마음속의 현상인 것이다. 이런 마음을 불교에서는 다른 그 어느 종교보다도 매우 중요하게 여긴다. 그래서 불교를 '마음의 종교'라고 하는 것이다.

> 육안으로는 보이지 않지만
> 마음으로 느낄 수 있는
> 참 나의 향내음이
> 너무나 좋고도 좋아
> 이순의 마지막 언덕을 넘어가면서
> 꽃잠을 꾸는 듯하누나
> 나는 어디서 왔고 누구이런가
> 온 곳을 모르니 갈 길도 모르건만
> 길의 끝은 저승임은 알 수 있으나
> 참 나를 찾지 못했으니
> 그 길마저 못가겠네
> 내가 나를 아무리 사랑해도
> 헛껍데기만 보이나니
> 진솔한 참 나(眞我)가 아쉬어
> 구름에 숨은 별빛에 길을 물어
> 온 산을 헤매누나
> 갈 길을 찾아 헤매누나
>
> — 「진아眞我」 전문

•초기불교初期佛敎 - 석가모니 부처님 시대부터 아소카왕阿育王 B.C. 273-232 시대까지의 불교를 말하며 원시불교原始佛敎라고도 한다. 석가모니 부처님의 연대론에는 약 100년의 차이가 나는 두 개의 설이 있어 이 시대를 약 100년간 혹은 200년간으로 보고 있는바 대체로 석가의 2대 법손法孫 또는 그 다음 세대까지를 가리키는데 이 시대에 석가모니 부처님께서 교리를 펴고 입멸하신 후 석가모니 부처님의 가르침을 모아 이것을 포교할 제도가 이 초기불교시대에 확립되었다.

불교에서는 마음을 중요시하고 강조하는 것은 *초기불교初期佛敎이래 계속되어 오고 있다.

초기불교에서는 심心과 의意와 식識을 인식 주관 또는 인식 작용의 동의어로 사용하였으며, *부파불교部派佛敎에서는 마음을 *심왕心王혹은 *심소心所 등으로 표현하며 마음을 의식 가운데 가장 근원적이고 핵심적인 것으로 간주했으며, *대승불교大乘佛敎에서는 마음에 대한 분석과 연구에 중점을 두고 고찰하였다.

특히 대승불교의 중심이었던 *유식학파唯識學派는 부파불교에서 연구하고 정리한 마음에 대한 전통적인 교학을 이어 받았음은 물론 *공사상空思想의 체계를 마음의 구조로 분석 설명하고자 했다.

즉 유식학파는 인간의 마음에서 실체적인 의식인 영원한 자아自我나 자성自性으로서 법에 대한 의식이 어떠한 이유로 생겨나는

현재 석가모니 부처님에 관한 자료는 여러 가지 책들이 뒤섞여 있어 이것들을 모두 불설佛說이라고 말할 수는 없으나 이른바 '5부五部 4아함四阿含'의 경장經藏과 율장律藏은 그 대부분이 이 초기불교시대에 만들어졌다.
이 초기불교시대 때는 불설을 거의 그대로 준봉遵奉하여 교단의 결속이 굳혀져 점차 교세를 넓혀 중인도 일대에서 활약하게 되었는데 보수와 진보의 두 파로 갈라지면서, 부파불교部派佛敎 시대로 옮겨갔다.
*부파불교部派佛敎 – 석가모니 부처님께서 입멸하신 후 100년경에 원시불교가 분열을 거듭하여 20여 개의 교단으로 갈라진 불교시대를 말한다.
석가모니 부처님께서 입멸하신 후 100여 년이 지나자 교단 내에서는 교리와 계율의 해석 문제를 놓고 논쟁이 일었고, 이에 따라 과거의 계율을 엄격히 지켜야 한다는 보수적인 성향과 시대 변화에 따라 융통성 있게 받아들여야 한다는 진보적 성향의 두 입장이 공존하게 되었는데 전자를 상좌부上座部라 하고 숫자적으로 우세하였던 후가를 대중부大衆部라 하며 이들의 대립을 근본분열이라 한다.
이후 다시 200~300년에 걸쳐 이들 두 파로부터 다시 분파가 생겨나 기원전 200년경에는 총 20여 개의 분파가 생겨났다고 하는데 부파불교는 이 시기의 불교를 일컫는 것으로

가를 규명하고자 했다.

이런 유식학파에서 가리키는 마음은 인간의 의식 가운데 가장 심층적인 의식인 아뢰야식阿賴耶識을 말하며 이 아뢰야식은 인간의 자아나 법의 실체적인 근본의식이라고 정의한다. 유식학의 인간관에 의하면 인간의 의식은 여덟 가지로 구성되어 있으며 인간이 집착하는 자아나 법에 대한 의식도 이 여덟 가지 의식으로부터 생긴 것이라고 한다.

　　마음
　　마음은
　　안·이·비·설·신·의에서 오는 육취이다.

각 교단은 저마다 석가의 교리와 계율을 연구하고 정리하여 방대한 논서論書를 작성하면서 논쟁을 그치지 않았다.
'논論'이라는 말의 원어가 '아비다르마Abhidhamma'이고 이를 한역漢譯한 것이 아비달마阿毘達磨이므로 부파불교를 아비달마불교라고도 한다.
부파불교 시대 당시 교단의 관심은 온통 석가모니 부처님의 가르침에 충실하기 위한 교리의 해석에 치중하였기에 자연히 출가자와 승원僧院을 중심으로 하는 학문불교의 성격을 띠어갔다.
따라서 부파불교 시대에는 출가를 전제로 하여 계율을 엄격하게 지키면서 수행하고, 또 타인의 구제보다는 자기 수행의 완성을 우선목표로 삼았는데 이로 인해 교단으로부터 멀어진 대중들을 교단에 반발하여 불탑佛塔을 중심으로 석가모니 부처님에게로 복귀하려는 움직임이 일어났고 이로써 대승불교가 탄생하게 된다.
대승불교는 개인보다는 전체의 완성을 우선한다는 입장에서 스스로를 대승大乘이라 칭하고 이에 반해 기존의 부파불교를 소승小乘이라 낮추어 불렀다.
*심왕心王 – 대상의 전체를 주체적으로 인식하는 마음 작용을 말한다.
*심소心所 – 대상의 전체를 주체적으로 인식하는 심왕心王에 부수적으로 일어나 대상의 부분

마음

마음은

측은지심과

칠정지심과

욕구지심과

견색지심과

활구지심의 주인공이다.

마음

마음은

탐·진·치의

속성에너지에서 오는 것이다.

마음

마음은

을 구체적으로 인식하는 마음 작용을 말한다.
*대승불교大乘佛敎 - 대승의 교리를 기본이념으로 하는 종파宗派를 말한다.
 석가모니 부처님께서 입멸 후 500년경에 태동한 대승불교는 그때까지 여러 파로 갈라져 자파自派의 주장만이 최상의 것이라고 고집하여 온 불교의 자세를 맹렬히 비판하고 재래불교였던 부파불교를 소승小乘이라 폄하貶下하 이에 반해 스스로를 대승이라고 칭하면서 이타적利他的인 세계관을 바탕으로 활발하고 폭넓은 활동을 전개하였다.
 '대승'의 어원은 큰maha 수레yana, 즉 많은 사람을 구제하여 태우는 큰 수레라는 뜻으로 일체중생一切衆生의 제도濟度를 그 목표로 하였다.
 대승불교는 종래의 출가자出家者만의 종교였던 불교를 널리 민중에게까지 개방하려는 재가자在家者를 포함한 진보적 사상을 가진 사람들 사이에서 일어났던 것으로 최근의 연구에 의하면 불교 유적인 스투파stupa:墳墓를 관리하고 있던 사람들이 중심이 된 것으로 추정되고 있다. 대승불교는 그때까지 석가모니 부처님에게만 한정하던 보살이라는 개념을 넓혀 일체중생의 성불 가능성을 인정함으로써 일체중생을 모두 보살로 보고, 자기만의 구제보다는 이타를 지향하는 보살의 역할을 그 이상으로 삼고 광범위한 종교활동을 펴나갔다.
*유식학파唯識學派 - 중관학파中觀學派와 더불어 대승불교의 양대 학파를 형성한다. 이 학파의

생각하는 안위 속에

길이 있다면

마음 비워

십방十方으로 돌아가리라.

— 「나」 전문

이 여덟 가지 의식을 팔식八識이라고 한다.

팔식은 사물의 좋고 나쁨이나 가치의 높고 낮음을 구별할 수 있는 안목과 식견인 안식眼識, 소리를 듣고 희비고락喜悲苦樂을 분별하는 정신 작용인 이식耳識, 코로 사물의 냄새를 식별하는 작용인 비식鼻識, 혀로 온갖 맛을 분별하는 작용인 설식舌識, 촉각기관인 이부에 의해서 바깥의 사물과 접촉하여 분별하고 인식하는 작용인 신식身識, 대상을 인식하고 추리하고 추상追想하는 마음의 작용

개조開祖는 미륵으로 전해진다. 지금까지 학계에서는 미륵이 역사상 실존 인물인지 혹은 도솔천에 머무르는 미래불未來佛인지에 대해 매우 다양한 관점에서 견해들이 제시되었으나 아직까지 정설이 확립되지 않은 상황이다.
 일반적으로 유식사상이란 우리들이 경험하는 이 세계는 단지 마음의 표상에 지나지 않고, 외계의 사물은 마음의 표상과 별개로 존재하는 것이 아니라는 것으로 설명된다.
*공사상空思想 - 인간을 포함한 일체만물에 고정불변하는 실체가 없다는 불교의 근본교리이다. 현상계에 나타나는 모든 사물들은 다른 것과의 관계 속에서 생멸하는 존재이며, 고정불변하는 자성自性이 없다. 사물은 단지 원인과 결과로 얽힌 상호의존적 관계에 있기 때문에 무아無我이며, 무아이기 때문에 공인 것이다. 이때의 공은 고락苦樂과 유무有無의 양극단을 떠난 중도中道이며, 이것이 부처님이 깨달은 내용이다. 공의 사상은 인간의 그릇된 입장을 파사破邪하여 현정顯正하는데 있는 것이므로 어떤 사람이 현상계에 집착하면 그것이 공이라는 것을 가르치며, 또 열반에 집착하면 열반 또한 공이라고 가르친다. 이는 사람들이 집착하는 가지가지 대상이 본질적으로 공한 것임을 밝힌 것이다.

인 의식意識, 모든 감각이나 의식을 통괄하여 자기라는 의식을 낳게 하는 마음의 작용으로 객관의 사물을 자아로 여겨 모든 미망迷妄의 근원이 되는 잘못된 인식 작용인 말나식末那識, 모든 법의 종자를 갈무리하면 만법 연기의 근본이 되는 작용인 아뢰야식阿賴耶識을 말한다.

팔식 중 안식·이식·비식·설식·선식의 다섯 가지는 전5식前五識이라고 하는데 이 다섯 가지 인식의 작용은 자체로서 판단하고 유추하거나 비판의 능력이 없고 다만 나라는 주관이 외부의 객관과 교통하는 통로일 뿐이다.

나
나란
지·수·화·풍地水火風으로
이루어져
한 몸을 이루어
나도 죽음이 따르고
번뇌가 따른다
이를 육신 또는 법신이라 한다
여기에 생각하는 마음 법성신의
비밀스런 자리가 있다
영원불변한 진실의 모습
항상 머무르되 머무르는 곳이 없다

본성이 마음이고 마음이 본성이니
이를 깨우치면 성불하다 해탈하다 라고 하며
마음 밖에 따로 부처가 없는 까닭이
여기에 있어
참 나를 찾아야 한다.

- 「나」 전문

여섯 번째의 인식은 의식은 제6 의식이라고 하며 이 제6 의식은 전5식이 수집하여 보고한 갖가지 정보를 통괄하는 작용을 하는데 이것이 바로 우리가 '마음'이라고 부르는 존재이다.

여기서 마음은 제6의 의식, 제7 말나식, 제8 아뢰야식 등 셋으로 나누어지는데 이중 제6 의식은 의식의 세계이고 제7 말나식과 제8 아뢰야식은 무의식의 세계로 비견될 수 있다.

이 셋 중 가장 중요한 것은 바로 제8 아뢰야식인데 그것은 제8 아뢰야식이 윤회의 주체로 모든 식을 저장하는 함장식含藏識이기 때문이다.

중국 유식학의 승려 현장이 인도의 유식학 관계 고승 10인의 저술을 하나의 책으로 엮은 유식학의 기본서인 성유식론成唯識論에서는 제8 아뢰야식을 능장能藏·소장所藏·집장執藏의 셋으로 요약하고 있다.

능장은 만물을 인식하는 근본원인을 담아 두었다는 뜻이며, 소장은 다른 일곱 가지 식에 의하여 판단된 모든 정보를 훈습熏習한다는 뜻이며, 집장은 오래전부터 상주하기 때문에 제7 말나식에 의하여 진실한 자아인 양 집착하고 오도되는 마음이라는 뜻이다.

또 신라의 고승 원효대사는 대승기신론소大乘起信論疏에서 제6 의식은 탐진치貪瞋痴로 나타나게 되는 생멸적작용生滅的作用을 거듭하는 마음으로, 제7 말나식은 자아의 의식에 의하여 좌우되는 아만我慢의 마음이고, 제8 아뢰야식은 선악을 포용하는 거대한 바다와 같은 함장식含藏識이라고 하였다.

이를 정리하면 유식학에서는 제8 아뢰야식을 변하지 않는 진리의 문眞如門으로 보고 이 제8 아뢰야식이 제7 말나식과 제6 의식을 거쳐 전5식으로 나타나는 과정을 생겨나고 소멸하는 문生滅門으로 보고 그로 말미암아 전개되는 것이 삼라만상森羅萬象이라고 설명하고 있다.

　　나
　　나의
　　마음이라는 것은
　　만법의 근본이다
　　일체의 법이
　　오직 마음에서 생기므로
　　마음을 깨달으면

모든 수행을
다 갖춘 격이 되는 것이다
일체의 선과 악은
모두 자기 마음으로부터 생겨나니
마음 밖에서 구하는 것은
어리석다 할 것이다
그러므로
참 나를 찾아야 한다.

- 「나」 전문

결론적으로 전5식은 직접적으로 드러난 부분과 감각적인 작용에 대한 식별만이 가능한 자성분별自性分別이고, 제6 의식은 전5식을 통괄하는 의식이며, 제7식 말나식은 아치我痴·아견我見·아만我慢·아애我愛의 네 번뇌와 함께 일어나는 자아에 집착하는 것이고, 제8 아뢰야식은 일체 행위의 영양과 결과를 간직하는 가장 심층의 마음이다.

이렇듯 제8 아뢰야식은 인간이 행하는 모든 행동과 행위에 영향을 주는 것은 물론 그 행위의 결과를 간직해 인간의 의식세계를 유지해가는 근본의식이며, 자아나 법의의 실체적인 의식은 인간 내면의 근본의식인 아뢰야식에서 전개한 것이다.

즉 자아나 법에 대한 근본의식인 제8 아뢰야식이 변화하여 전개됨으로써 자아에 집착하는 제7 말나식이 생겨나고, 이 자아에 사로잡힌 제6 의식이 외부의 대상을 인식함으로써 실체적인 관념 작용인 전5식이 일어난다는 것이다.

이런 학술적인 이론들을 차치하더라도 성불하고자 하는 불자라면 반드시 마음 다스림에 진력해야 한다.

화엄경華嚴經 보살설게품菩薩設偈品에서 설하길 '약인욕료지若人欲了知 삼세일체불三世一切佛 응관법계성應觀法界性 일체유심조一切唯心造'라 했다.

이는 '만일 어떤 사람이 삼세 일체의 부처를 알고자 한다면 마땅히 법계의 본성을 관하라. 모든 것은 오로지 마음이 지어내는 것이다' 라는 게송이다.

여기서 말하는 삼세불三世佛은 과거·현재·미래의 부처님이고 유심唯心은 만유의 모든 존재는 마음에서 비롯된다는 것을 말한다.

마음과 관련하여 신라 고승 원효 대사와 얽힌 이야기는 유명하다.

원효 대사는 661년(문무왕 1)에 의상義湘과 함께 당나라 유학길에 올라 당항성黨項城에 이르러 어느 무덤 앞에서 잠을 자던 중 잠결에 목이 말라 물을 마셨는데 다음 날 아침에 일어나서 자신이 잠결에 마신 물이 해골에 괸물이었음을 알게 되고는 그 길로 유학을 포기하고 돌아오게 된다.

　　나
　　나의

마음속에는

깨끗한 마음과 더러운 마음이 있다

지·수·화·풍地水火風의 네 가지 원소와

색·수·상·행·식色受想行識의 오온五蘊이

본래 공空하여

내가 아님을 알아야 하며

마음에서 일어나는 작용이

청정한 마음이며 더러운 마음이다

청정한 마음이라는 것은 번뇌가 없는

진여眞如의 마음이고

더러운 마음이라는 것은 번뇌가 있는

어리석은 마음이다

이는 애초에 함께 존재하여 왔다

그러므로 진정한 나를 찾아

심안을 불 밝혀야 할 것이다.

- 「나」 전문

이때 원효 대사께서는 대오大悟하고 다음과 같은 오도송悟道頌을 읊는다.

'심생고心生故 종종법생種種法生 심멸고心滅故 감분불이龕墳不二 삼계유심三界唯心 만법유식萬法唯識 심외무법心外無法 호용별구胡用別求'

'마음이 일어나므로 갖가지 현상이 일어나고 마음이 없어지므로 동굴과 무덤이 둘이 아니다. 삼계는 유심이요 만법은 유식이다. 마음밖에 아무것도 없는데 무엇을 어찌 따로 구하겠는가.'

원효 대사께서는 사물 자체에는 깨끗함淨도 없고 깨끗하지不淨 않은 것도 없다는 것을 깨달았던 것이다. 즉 해골에 담긴 물은 어젯밤과 오늘 똑같은데 어찌 어젯밤에는 단물 맛이 나고 오늘은 구역질을 나게 하는가? 어제와 오늘 달라진 것은 해골에 담긴 물이 아니라 바로 자신의 마음인 것을 원효 대사께서는 깨달은 것이다.

원효 대사께서는 진리는 밖이 아닌 바로 내 안에 있다는 대오大悟를 한 것이다. 그 후 원효 대사께서는 사람들에게 본래의 마음을 깨달으면 정토를 이룰 수 있고 석가모니 부처님의 이름을 염송하고 석가모니 부처님의 가르침을 듣고 그대로 행하면 성불할 수 있다고 포교를 하였다.

나
나의
육적六賊은
안이비설신의眼耳鼻舌身義다
육식六識의 알음알이가
육경六境의
색성향미촉법色聲香味觸法으로부터
여러 감각기관을 취하므로

업식을 짓고
*육도六道를 윤회한다
이것이
나의 진정한 모습이다
마하반야바라밀.

*육도六道 - 불교에서 깨달음을 얻지 못한 무지한 중생이 윤회전생(輪廻轉生)하게 되는 6가지 세계 또는 경계

– 「나」 전문

  이 원효 대사의 깨달음은 사람의 행복이나 불행, 기쁨이나 슬픔, 좋은 일과 나쁜 일 등은 모두 자신의 마음에 달렸다는 것이다.
  즉 어떠 한 가지 상황을 놓고 생각할 때 행복하다고 생각하면 행복한 것이지만 불행하다고 생각하면 불행한 것이고, 기쁘다고 생각하면 기쁜 것이지만 슬프다고 생각하면 슬픈 것이고, 좋은 일이라고 생각하면 좋은 일이지만 나쁜 일이라고 생각하면 나쁜 일이 된다는 것이다. 이는 본래 형상은 결정되어 있는 것이 아닌데 마음으로 그 형상을 만들기 때문이다.
  어떤 형상에 대해 호好, 불호不好를 결정하는 주체는 남이 아닌 바로 나 자신이다. 어떤 형상을 호, 불호로 분별하는 마음은 그 형상을 나를 중심으로 생각하고, 나에게 유리한 방향으로 행동하고자 하기 때문이다.

마음을 이렇게 움직여서는 깨달음을 얻을 수 없다.

나를 중심으로 생각하고 행동하는 것은 마음이 사심私心과 사욕私慾으로 가득 차 있기 때문인데 이런 마음으로는 절대 깨달음을 얻을 수 없다. 깨달음을 얻으려면 마음에서 사심과 사욕을 버려야 한다. 마음에서 사심과 사욕이 없어져 마음이 비워지게 되면 그 순간 본성이 발휘되기 시작한다.

나
내가
삼계三界라는 것에
윤회하는 것은
나의 마음속에서 오는
탐욕이 욕계慾界의 한 부분이요
성냄이 색계色界의 한 부분이며
어리석음이 무색계無色界의 한 부분이다
이 삼독으로 인하여
모든 악이 생겨나고
업보가 이루어져 윤회함으로
삼계라 하며
화택火宅 즉, 불난 집으로 비유를 한다
어쩔 것인가
참 나를 찾아

길을 떠나야 한다.

- 「나」 전문

즉 본래 지니고 있는 본성, 본래면목本來面目을 찾게 된다는 것이다. 중생이 지니고 있는 본래 성품은 부처가 될 수 있는 성품이다. 그러므로 불자들은 본래면목을 되찾는데 게을리하지 말아야 한다.

시방삼세	부처님이	적멸궁에	장엄하심
오랜세월	욕심버려	고행하신	까닭이요
모든세상	중생들이	화택문에	윤회함은
옛날부터	욕심쫓아	쾌락즐긴	탓이니라
방해않는	천상세계	가는이가	적은것은
세가지	독한번뇌	귀한재물	삼음이요
유혹없는	지옥길에	헤매는지	많은것은
사대육신	오욕락을	보배인양	여김일세
어느누가	산속깊이	수도생각	없으리요
힘찬용단	못내림은	애욕인정	묶음일세
깊은산속	찾아들어	마음닦진	못하여도
자기힘에	알맞도록	좋은일을	잊지마오
자시욕락	버린다면	성인같이	존경받고
어려운일	참고하면	부처같이	모시리라

재물만을	간탐함은	마군들이	권속이요
자비로운	보시공덕	마음부처	상징일세
기암절벽	높은산은	지혜자의	수도처요
험준계곡	푸른솔은	발심자의	수행처네
배고프면	열매따서	주린배를	채워주고
갈증나면	시냇물로	마른목을	추겨주오
좋은음식	맘껏먹고	사랑하며	길러봐도
이내육신	마지막엔	흩어지고	마는것을
화려한옷	처장하여	애지중지	감싸봐도
이내목숨	종말에는	허망하게	사라질걸
울림있는	바위동굴	염불당을	삼아놓고
지저기는	산새들과	기쁜마음	벗을삼아
엎드리어	비는무릎	얼음같이	차가워도
따사로운	보금자리	아예당초	상념말고
주린창자	오려내도	밥생각을	버리시오
백년세월	길다하다	뜬구름과	물거품뿐
삶의목적	무엇인데	배움없이	허송하며
일생일대	좋다하나	하루살이	환영인데
무얼그리	즐기려고	수행않고	보내려오
애욕인정	벗어나면	그게바로	스님이고
세상일을	초월하면	그게바로	출가자요
마음발한	출가자가	애욕그물	걸려들면
조그마한	강아지가	코끼리옷	입음이요

청정결백	수도자가	세상애욕	품는다면
지각없는	고슴도치	쥐구멍에	박힘이네
재주지혜	있다하나	도회지에	파묻히면
이런사람	부처님은	애성하게	여기시고
도닦는일	없다하나	산속깊이	살아가면
성현들이	이사람에	환의심을	내느니라
재주배움	있다하나	실천행이	없는자는
보배궁전	인도해도	따르지를	않음이요
근면성은	있다하나	지혜롭지	못한자는
가야할곳	동방이나	서쪽향해	떠나가네
지혜자가	하는일은	쌀을삶아	밥을짓고
지혜없이	하는짓은	모래삶아	밥짐이네
주리창자	채워놓고	빈둥빈둥	놀면서도
진리배워	어리석음	고치려고	하지않네
실천지혜	구비함은	두바퀴의	수레이고
자리이타	함께행함	두날개의	봉황새네
죽을받고	축원하되	수행의뜻	모른다면
베푼이에	부끄러워	무슨얼굴	대면하며
밥을받고	읊조리되	해야할일	못한다면
성인현인	높은은덕	무엇으로	갚겠는가
구더기의	더러움을	사람들이	미워하듯
수행자의	나쁜행위	성현들은	싫어한다
세상번잡	버리고서	청정국토	오르려면

맑고맑은	모든계행	다리역할	하겠지만
파계행위	자행하며	남의복전	되려함은
날개찢긴	병신재가	거북이를	짊어진꼴
자기죄도	무거운데	남의죄를	벗길손가
청정계행	실천없이	신심으로	바친공양
반성하는	빛도없이	무슨면목	받으려나
계행없는	허망한몸	길러봐도	이익없고
무상하게	녹은목숨	아껴봐도	소용없다
설산수도	흠앙해서	오랜시간	고행참고
사자좌를	기약해서	욕락행위	버리시오
행자마음	깨끗하면	모든사람	찬탄하고
수도인이	더러우면	착한사람	멀리하리
흙과물과	불과바람	사대육신	허무하니
오늘해도	기울었네	내갈곳이	어디메뇨
오늘내일	핑계말고	일찍부터	행하시오
세상락은	고통인데	어찌그리	탐착하며
한번참음	오랜기쁨	어이그리	닦지않소
수도자가	탐심하며	도의벗들	미워하고
출가자가	부귀하면	군자들이	비웃는다
타이름이	무량해도	꿀맛에만	도취되고
결심반복	끝없으나	애욕심을	못버리네
이일함이	한없어도	세상일을	못버리고
사념공상	무변해도	끊으려고	하지않네

오늘지금	못한다면	악짓는날	많아지고
내일에도	못해내면	선짓는날	적어진다
금년역시	미룬다면	한량없이	번뇌하고
내년에도	허덕이면	깨닫기가	어렵도다
시시각각	옮겨옮겨	낮과밤이	지나가고
날과날이	옮겨옮겨	달과달이	지나가고
달이달이	옮겨옮겨	해와해가	지나가고
해와해가	옮겨옮겨	죽음문턱	다다르니
깨진수레	갈수없듯	늙은사람	힘이없네
드러누워	게으르고	어지럽게	망상피네
많은생애	수행없이	그럭저럭	보내고도
지금까지	속절없이	날과달을	보내긴가
몇백년을	살겠다고	육신만을	지키려나
사대육신	흩어진후	다음몸은	어찌될까
급히급히	서둘러서	참생명을	회복하세

-「원효대사 발심수행가」

오온五蘊*은 뜬 구름 같고
삼독三毒*은 물거품 같나니
집착할 것이 하나도 없어라
본래 자성自性*은 천진天眞*이라
본래시불本來是佛이나니

무엇을 더 바라겠는가
한평 반 초막 있어
몸 뉘일 수 있고
한줌 미※ 있어
뱁 불릴 수 있으면
산소리 물소리에 실린
무언의 법문을 들으며
참 나眞我를 찾는데
부족함 하나 없구나

- 「본래시불本來是佛」전문

*오온(五蘊)-불교에서 인간을 구성하는 물질적 요소인 색온(色蘊)과 정신요소인 수(受)·상(想)·행(行)·식(識)의 4온을 합쳐 부르는 말로서 초기에는 오온이 인간의 구성 요소로 설명되었으나 더욱 발전하여 작금에는 현상세계 전체를 의미하는 말로 통용되고 있다. 오온이 인간의 구성요소를 의미하는 경우에는 '색(色)'은 물질요소로서의 육체를, '수(受)'는 감정·감각과 같은 고통과 쾌락의 감수(感受)작용을, '상(想)'은 심상(心象)을 취하는 취상작용으로서 표상·개념 등의 작용을, '행(行)'은 수·상·식 이외의 모든 마음의 작용을 총칭하는데 그 중에서도 특히 의지작용·잠재적 형성력을 의미하고 '식(識)'은 인식판단의 작용, 또는 인식주관으로서의 주체적인 마음을 가리킨다. 이러한 오온은 현상적 존재로서 끊임없이 생멸(生滅)변화하는 것이기 때문에 상주(常住)불변하는 실체는 존재하지 않으며 불교의 근본적인 주장으로서의 무상(無常)·고(苦)·공(空)·무아(無我)를 설하는 기초로서 설명되고 있다.

*삼독(三毒) - 불교에서 말하는 근본적인 세 가지 번뇌로 탐욕(貪慾)·진에(瞋恚)·우치(愚癡)를 의미하고 탐·진·치라고도 하는데 이 세 가지 번뇌가 중생을 해롭게 하는 것이 마치 독약과 같다고 하여 삼독이라고 한다

*자성(自性) - 모든 법(法)이 갖추고 있는, 변하지 않는 본성

*천진(天眞) - 불생불멸의 참된 마음

잔잔히 고여 있는 연못에

바람이 세차게 불면

물결은 더욱 거세지고

바람이 잦아들면

물결도 잦아드는데

미혹한 중생은 마음에

바람이 세차게 불면

마음은 걷잡을 수 없이 흔들리고

바람이 잦아들어도

마음은 잦아들지 않나니

탐진치貪瞋癡 삼독은

마음을 흔드는 바람이나니

이를 끊어내는 그 순간

바로 열반이라

어찌 삼독을 멸하시 않으리오

―「멸삼독滅三毒」 전문

성철큰스님 납자(수행자)십계

『무상無上』조각 달이 비치는 소삽蕭颯한 수풀 속에 몇 개의 백골들은 흩어져 있네 옛날에 잘난 모습 어데다 두고 덧없이 삼악도에 괴로움만 더해 가나

『안빈安貧』누더기 더벅머리로 올연兀然히 앉았으니 부귀니 명예니 구름밖에 꿈이로다 쌀독에 양식은 하나 없지만 만고 광명은 대천세계를 비추이네

『정근精勤』물 긷고 나무하고 옛날스님 가풍대로 밭을 가꾸다가 주먹밥은 삶의 소식이라 잠오는 것 성화하여 송곳으로 찌르고도 저도 몰래 한숨쉬며 눈물이 나네

『정절(貞節)』망신하고 죽을 길은 여색이 으뜸이라 천번만번 얽어 묶어 화탕지옥 들어가네 차라리 독사를 가까이 하라한 생각 잘못 들어 무량고통 생기느니

『인과(因果)』콩 심어 콩이 나고 그림자는 형상 따라 삼세의 지은 인과 거울에 비추는 듯 자작자수 하는 걸 피할 길없네 하늘이나 그밖에 누구를 원망하랴

『신독(愼獨)』어둔 방에 혼자서 보는이 없다 마라 신의 눈은 번개같아 털끝도 못 속인다 합장하고 정성껏 받아들여 모시다가 발연히 성을 내어 발자욱을 쓸더니라

『하심(下心)』온 세상이 모두 다 청정한 법신인데 잘 잘못 시비함은 중생의 분별이라 애경하는 마음만 가지고 보면 언제나 적광전을 장엄하리라

『성기(省己)』내 옳은 것 찾아봐도 없을 때라야 사해가 안연하게 될 것이니라 내 잘못만 차아서 언제나 참회하면 원수는 스승으로 화할 것이다

『이타(利他)』슬프다 이 세상에 어리석은 중생이여 가시덤불 심어

놓고 천도복숭 바라도다 내 살려고 남 해침은 죽는 길이고 남을 위해 손해 봄이 사는 길일세

    나
    나의
    마음을 잘 거두면
    해탈이고 성불이다
    악업은
    마음으로 인해 생겨나므로
    마음을 잘 거두어
    삿된 것과 악한 것에서
    벗어날 수 있으며
    모든 고통에서 벗어나고자
    진정한 해탈을 찾아
    떠나야 한다
    참 나를 찾아서.

                                      - 「나」 전문

『회두回頭 꿈 속에 한 알갱이 탐착하다가 금대의 만겁 실량 잃어버리네 무상은 잠깐이라 번뜩하고 마는데 한 생각 돌이켜서 용맹정진 않을 건가

  성철스님의 인불사상을 보자.

성철스님은(1912~1993) 근·현대사의 대표 선사이시다.

스님께서는 영어, 일어, 한문, 중국어를 능숙하게 하시며 피나는 좌선과 아울러 역사상 책을 가장 많이 읽은 선지식이다. 팔만대장경, 조사어록, 불교전서, 나카무라의 불교론, 온갖 물리학, 노장학, 공맹학, 심령과학서, 프로이트의 심리학, 아인슈타인의 상대성이론, 서양 철학자 플라톤, 아리스토텔레스, 칸트, 니체, 사상가들의 책이란 책은 다 읽은 국민선사란 별명이 수식되었다.

그러므로 이 시대에서는 불교를 가장 잘 아는 분이다. 특히 남들은 어렵다는 철학과 인생학, 심리학, 물리학 등을 가장 잘 아시는 분이기도 하다.

스님은 1986년 부처님 오신 날 봉축법어에서 이와 같이 말씀을 하셨다.

'천지는 한 뿌리' 라는 제목의 법어였다.

"교도소에서 살아가는 거룩한 부처님들,
오늘은 당신네의 생신이니 축하합니다.
술집에서 웃음 파는 엄숙한 부처님들,
오늘은 당신네의 생신이니 축하합니다.
밤하늘에 반짝이는 수없는 부처님들,
오늘은 당신네의 생신이니 축하합니다.
꽃밭에서 활짝 웃는 아름다운 부처님들,

오늘은 당신네의 생신이니 축하합니다.
구름이 되어 둥둥 떠 있는 변화무상한 부처님들,
오늘은 당신네의 생신이니 축하합니다.
물속에서 헤엄치는 귀여운 부처님들,
허공을 훨훨 나는 활발한 부처님들,
교회에서 찬송하는 경건한 부처님들,
법당에서 염불하는 청수한 부처님들,
오늘은 당신네의 생신이니 축하합니다.
넓고 넓은 들판에서 흙을 파는 부처님들,
우렁찬 공장에서 땀 흘리는 부처님들,
멀고도 먼 길을 오고 가는 부처님들,
오늘은 당신네의 생신이니 축하합니다.
눈을 떠도 부처님 눈을 감아도 부처님!
광활한 이 우주에 부처님을 피하려 하여도
피할 곳이 없으니
상하 사방을 두루두루 절하며
당신네의 생신이니 축하합니다.
천지는 한 뿌리요, 만물은 한 몸이라
일체가 부처님이요. 부처님이 일체이니
모두가 평등하며 낱낱이 장엄합니다.
이러한 부처님의 세계는 모든 고뇌를 초월하여

지극한 행복을 누리며
곳곳이 불가사의한 해탈도량이니
신기하고도 신기합니다.
입은 옷은 각각 달라 천차만별이지만
변함없는 부처님의 모습은 한결같습니다.
자비의 미소를 항상 머금고 천둥보다 더 큰소리로
끊임없이 설법하시며
우주에 꽉 차 계시는 모든 부처님들,
나날이 좋을시고,
당신네의 생신이니 영원에서 영원이 다하도록
서로 존중하며 서로를 축하합시다."

  이 세상에서 불교를 가장 잘 아는 국민선사 성철스님이 부처님 오신 날의 봉축법어를 이와 같이 하신 것은 부처님이 이 세상에 오신 의미를 한마디로 요약하면 '모든 당신은 부처님' 이라고 정의할 수 있다는 뜻이리라.
  부처님은 '당신은 부처님' 이라는 사실을 깨닫기 위해서 출가를 하셨고 '당신은 부처' 라는 사실을 널리 전하기 위해서 49년 간이나 설법하셨다.

  심안(心眼)이 가려지면

잡철도 순금으로 보이지만
심안이 열려지면
잡철은 잡철로 보이고
순금은 순금으로 보이나니

심안이 가려지면
참 나는 잡철이 되고
심안이 열려지면
참 나는 순금이 되네

참 나가 잡철이 되느냐
아니면 순금이 되느냐는
다른 이가 만드는 것이 아니라
나가 스스로 만드는 것이 아니라

심안이 열리면
어두운 밤길도
환히 볼 수 있나느니

- 「심안心眼」 전문

    그리고 그 후 모든 조사스님들도 한결같이 '당신은 부처님'이라는 사실을 깨달았으며, 또한 모두가 '당신은 부처님'이라는 가르침을 널리 펼치면서 사는 것이 인생을 가장 값지고 보람 있는 삶이라고 생각하였던 것이리라.

거듭 말하자면 부처님과 역대 조사님들은 인불사상을 이 세상에 펼치기 위해서 이 땅에 오신 것이다.

불교 공부를 제대로 하신 분이라면 당연한 결론이라고 할 수 있다. 그러므로 우리는 '당신이 부처님'이라는 염불을 열심히 하면서 깊은 사유와 명상으로 자신의 인격이 되고 삶이 되게 해야 할 것이다.

무애설법 無碍說法

무애설법無碍說法 진여 마음 모두 통하니 태양이 허공에 있음과 같네 오직 견성하는 이 법 전하여 세간에 들어내어 사종邪宗 깸破 일세 법인즉 돈頓도 점도 없는 것인데 중생의 미오 따라 늦고 빠르네. 성품보아 부처 되는 이 수승한 문을 어리석은 무리들이 어찌 다 알까?

말로하면 만가지로 벌어지지만 이치에 들어서면 모두가 하나 번뇌의 안개 속 어두운 집안에 지혜의 밝은 태양 항상 빛나라.

사념邪念일 때 번뇌가 이는 것이며 정념이면 번뇌가 가시는지라. 사邪와 정正 모두 여의어로 쓰지 않을 생멸 없는 청정지에 이르렀더라.

보리는 본래로 이 자성이니 마음을 일으킬 때 즉시 망妄이라.
정심淨心이란 망념 중에 있는 것이니 다만 정심正心이면 삼장三障이 없네.

세간 사람 만약에 수도 하는 데는 일체 세간사가 방해 안 되니
항상 스스로 제 허물을 보면 도와 더불어 서로 맞으리.

일체 중생 제각기 도道가 있으니 서로서로 방해 없고 괴로움 없으리.
만약에 도를 떠나 도를 찾으면 목숨은 다하여도 도는 못보리.

부질없이 바쁘게 일생을 보내다 백발이 찾아드니 뉘우치누나.

만약에 참된 도를 보고자 하면 행이 바름이여 이것이 도니,
만약에 스스로 도심이 없으면 어둠 속에 감이라 도는 못보리.

참되게 도를 닦는 사람이라면 세간 사람 허물을 보지 않나니.
만약 다른 사람의 허물을 보면 도리어 제 허물이 저를 지내니
다른 사람 그르고 나는 옳다면 그르게 여김이 제 허물 되리.

다만 스스로 비심悲心 버리면 번뇌는 부서져 자취는 없고

밉고 곱고에 마음 안 두니 두 다리 쭉 펴고 편히 쉬도다.

만약에 다른 사람 교화하려면 모름지기 기틀 따라 방편을 써서 저들의 의심뭉치 버리게 하라. 즉시에 청정자성 드러나리라.

불법은 세간 중에 있는 것이니 세간을 여의잖고 깨닫게 하라.
세간을 여의고서 보리 찾으면 흡사 토끼 뿔을 구함 같으니라.

정견正見은 세간에서 뛰쳐 남이요, 사견邪見은 세간 속에 파묻힘이라.
사邪와 정正을 모두 다 쳐 물리치니 보리자성 완연히 드러나누나.

나
나의
육근六根을 깨끗이 하고자
육바라밀을 행하고자 한다
보시, 지계, 인욕, 정진, 선정, 지혜를
배우고 익혀
저 언덕에
이르고자 한다
나 육근이 청정하면

이 언덕에 물들지 않음이다
마하반야바라밀.

- 「나」 전문

이 게송의 가르침이 바로 돈교며, 또한 이름하여 대법선大法船이니, 미迷하고 들으면 겁劫을 지내고 바로 들어 깨친 즉 찰나 사인고저.

삼덕三德이란 무엇인가

1. 법신法身이란

영원한 생명, 색심연지色心連持가 되고, 조화가 완성된 생명 즉 인격을 말하는 것이다.

2. 반야般若란

지혜를 말하며 사회생활에 있어서 유유하게 가치창조하며 활약해 나아갈 수 있는 인생을 말한다.

3. 해탈解脫이란

절대적인 행복, 경애 즉 숙명에 지해되지 않는 자유청신한 생명 활동을 말한다.

결국 이러한 생명을 완성하기 위해서 신심信心이 필요한 것이다.

이러한 생명을 가리켜서 불佛이라고 하며 이렇게 되기 위한 구체적인 방법이 여설수행如說修行 즉 부처님 말씀을 실천해 나아가는 길 이외는 없는 것이다.

　법신法身, 반야般若, 해탈解脫의 삼덕三德도 우리들의 번뇌煩惱, 업業, 고苦의 삼도三道가 있으므로써 불법佛法 원리에 의하여 법신法身, 반야般若, 해탈解脫의 삼덕三德으로 변하여 여기에 비로소 최고의 인간 변혁이 이루어지는 것이다. 이것을 가리켜서 번뇌즉 보리煩惱卽 菩提라고 한다.

　번뇌즉 보리煩惱卽 菩提의 대법리大法理는 지금 이 순간부터 인간 변혁, 생활 변혁을 근본적으로 실천해 나갈 수 있는 참된 현실론現實論이며 실증주의인 것이다.

　그리고 번뇌煩惱는 영원히 있는 것이며 번뇌를 끊어버린다고 하는 것은 도저히 있을 수 없는 것이며 그렇게 할 필요도 없다고 하는 것이 진실한 불법佛法인 것이다.

　이것이야 말로 인간성의 최고의 발휘가 아니겠는가.

　번뇌즉 보리煩惱卽 菩提를 우리들의 생활사로 말하면 욕망의 충족이라고 할 수 있다. 가까운 예로 배가 고프다고 하는 것은 번뇌이고 식사를 하면 배가 부르다고 하는 것은 만족 즉 보리煩惱라고 할 수 있는 것이다. 결국 신심信心을 하고 성불成佛을 원하는 것도 대번뇌大煩惱의 나타남이라고 생각할 수 있으며 수행해서 나타나는 공덕의 현상을 보리煩惱의 실증이라고 할 수 있는 것이다.

사람이 만물 가운데
가장 귀하다는 것은
'나'를 찾아서 바로 보는 데 있느니라.
불법은 사량思量으로는 안다는 것에
도리가 있는 것이 아니라
허공이 가장 무서운 줄을
알아야 하느니라.
물심이라면
우주의 정체는 따로 있으니
마음의 고향을 찾아
*회광반조回光返照하는 것이
법훈이다.
이를 잘 요지할 지어다.

*회광반조(回光返照) – 선종에서 쓰이는 말. 언어 문자에 의지하지 않고 자기를 회고 반성하여 심성을 바로 보는 것.

– 「나를 찾아서」 전문

삼장사마三障四魔를 없애자

　삼장이란 불도를 이루기 위해 정진하는데 장애가 생겨 착한 마음을 가리워버리는 것으로 우리가 현실에 안주하면서 한곳에 빠져드는 모습과 탐·진·치 등의 미혹에서 벗어나지 못하는 번뇌장, 여러 가지의 행동에서 야기되는 장애인 업장, 국가, 부모, 사회의 권력자에 의하여 일어나는 장애 즉 보장과 좋은 일을 방해한다는 '사마'가 있습니다.
　번뇌마로 탐욕과 번뇌는 우리의 몸과 마음을 시끄럽게 하므로 마라 하였고 두 번째는 음마는 생멸하고 변화하는 것을 종류대로 모아서 다섯 가지로 구분한 '색 수 상 행 식'이 항시 생사의 고뇌 속에 있으므로 이를 마라 하였으며, 세 번째는 사마라 하여 죽음은 사람의 목숨을 빼앗으므로 마라 불렀고, 네 번째는 자재천마로 욕계의 제육천타화 자재천왕이 세속에 행하는 선한 것을 방해한다는 마가 그것입니다. 이 네가지를 사마라 합니다.

불도수행에 가장 필요한 것이 바로 '삼장사마'를 여의고 그 장애와 마로부터 벗어나야 비로소 자신을 일으켜 세울 수 있다고 했습니다.

일찍 사명대사는 "자불굴自不屈 자불고自不高"라고 후학들에게 채찍질했습니다. 그 뜻은 "스스로 비굴하지 말고 스스로 뽐내지 말라."입니다. 우리 불가에서는 착한 일을 하는데 주저치 말라는 가르침으로 "선인선과善因善果요 악인악과惡因惡果"라 하였습니다.

'삼장사마'를 없애는 그날 성불의 큰 의지가 다가올 것입니다.

나
나의
마음은
부처님의 근원이기도 하고
악마의 근원이기도 하다
위 없는
즐거움의 근원이
마음으로 생겨나고
삼계를 윤회하는 것도
마음
마음에서 일어난다
나
마음 밭을

잘 일구려
늘
관조하리라.

─「나」전문

달빛은 조요로운데*
연못의 달 그림자는
끝없이 너울거리고*

솔은 창창蒼蒼한데*
도량의 솔 그림자는
한없이 나울거리니*

바람결 멎을 때
그 언제련가
번뇌만 쌓이누나

*조요로운데 – 밝게 빛나는데
*너울거리고 – 물결이나 늘어진 천, 나뭇잎 따위가 부드럽고 느릿하게 자꾸 굽이져 움직이고
*창창蒼蒼한데 – 나무나 숲이 짙푸르게 무성한데
*나울거리니 – 보드랍게 나부끼니

─「동요」전문

육바라밀

바라밀이란? 도피안 즉, 피안의 세계를 말하는데, 추구하는 이상의 경지를 말한다.

옛날 중국에 백낙천이란 시인과 도림선사께서 한담을 나누고 계셨는데 백낙천 시인 왈 선사, "대체 어떤 것이 불교의 대의 입니까?" 하고 물었습니다.

도림선사 왈,

모든 악한 짓을 하지 말고　　諸惡莫作 제악막작하고
선행을 받들고 행하라　　　　衆善奉行 중선봉행하라
자신의 뜻을 맑히면　　　　　自精其意 자정기의하면
이것이 불교의 가르침이니라　是堤佛敎 시제불교이니라

백낙천 왈 "이것은 세 살 먹은 아이도 다 아는 사실이 아니냐" 하니까 도림선사 왈 "팔십 살 먹은 노인이라 할지라도 행하기는 어려운 법이니라"하셨다.

  우리는 이 대목에서 불교는 무명 속에 깨우침으로 거듭 나, 안다는 욕구를 정화시키고, 이고득락할 염원으로서 극락세계를 정적인 욕구를 정화시키고, 죄를 짓지 말고 착한 일을 함으로써 의적인 욕구를 정화시킴으로써 지知 알음, 정情 감정, 의意 뜻으로 결점이 없어지므로 개심인 즉 견성인 부처님이라 부른다.

  철학적 방면으로 보면 인간적인 참이요 종교적으로 보면 아름다움이요 윤리적으로 보면 착한 것이다.

  이를 실천하기 위해서 육바라밀이 동행하게 된다.

  우리가 굶을 수 있고 참을 수 있고 생활의 꿈을 노래하며 육바라밀을 동시에 실천한다면 우리는 바로 대자유인이요, 대해탈인이요, 대평화인이다.

  대품반야경의 섭오품중 이러한 말씀이 있다.

  '섭오'라는 말은 육바라밀의 한 가지 한 가지가 다른 다섯 가지를 포함한다는 것을 뜻한다.

  보시바라밀을 행하면서 지계, 인욕, 정진, 선정, 지혜의 나머지 바라밀도 동시에 실천하시는 것이다. 육바라밀 중 다른 한 가지를 행할 때도 마찬가지로 다른 다섯 가지를 겸해서 실천하는 것이 좋다는 뜻이다.

  대품반야경은 이와 같이 한 바라밀의 실천 속에서 육바라밀 전체를 다 실천하는 것을 가르치기 위해서 별도로 한품을 만들었다.

이는 육바라밀을 동시에 깨우침으로서 거듭 난다는 뜻이다.

육바라밀을 동시에 닦으면 좋은 줄은 알지만 육바라밀 쪽에서 보면 왜 동시에 닦아야 하는가가 분명하게 이해되지 않을 수도 있다.

그러나 육바라밀이 바로잡고자 하는 여섯 방향의 문제점을 보면 왜 육바라밀이 동시적으로 행해져야 하는가가 확실히 드러난다.

간탐심奸貪心, 욕망심慾望心, 진애심瞋碍心, 해태심懈怠心, 착잡심錯雜心, 우치심愚癡心의 이 여섯 가지 문제점이 인간에게 나타날 때 한 가지식 차례차례 일어나지 않는다.

동시에 일어날 수도 있고, 한 가지 문제점은 반듯이 다른 문제점을 뿌리를 두고 있다.

나
인생길이란
생生과 사死란 두 길이 있다
이 길에
들기 위한 수행문으로
이理를 들어가는 문이 있고
행行으로 들어가는 문이 있다
흩어진 마음 바로잡아
닦는 마음
밝은 마음을 심고
모든 인생길 가는 이들의

고통과 해탈을 위하여
이 길에
불심을 심고
팔정도를 노래하리다
마하반야바라밀.

- 「나」 전문

성내는 마음은 자기 욕구가 충족되지 못할 때 일어난다.

즉, 간탐심에 뿌리를 두고 있다. 또 터무니없이 욕심을 내는 간탐심은 어리석음에 뿌리를 두고 있다. 어리석음은 흐트러진 생각에서 일어난다. 흐트러진 생각은 다시 게으름이나 감각기관의 욕망으로부터 일어난다.

이렇게 여섯 가지 문제점이 서로서로 연결이 되어 있다.

그러므로 한 가지 문제점을 제거하려면 다른 다섯 가지 문제점을 동시에 다스려야 하기 때문에 한 가지 바라밀을 행할 때 다른 다섯 가지 바라밀을 같이 닦아야 한다.

육바라밀의 대상인 간탐심, 욕망심, 진애심, 해태심, 착잡심, 우치심이 상호의존 관계 속에 있고 서로가 상대를 자체에 포함하고 있다. 그래서 이것들을 대치하는 육바라밀도 상호 의존 관계 속에 있고 서로가 상대를 자체에 포함하고 있다.

우리가 만약 굶을 수 있고 참을 수 있고 이상의 꿈을 노래하면서 육바라밀을 동시에 실천할 수 있다면 우리는 지금 당장 무서울 것이 아무것도 없다.

부족할 것이 아무것도 없다. 괴로울 것이 아무도 없다.

우리는 바로 대자유인이요 대해탈이요 대평화인이다.

여기서 춘원 이광수 선생님께서는 육바라밀을 애인에 비유하면서 불제자로서 명작의 시를 후세에 남겼다.

> 육바라밀 시
> 나는 이제 알았노라
> '임'은 이 몸께 바라밀을 가르치려고 짐짓 애인의 몸으로 나투신 '부처'이시라고……
>
> — 춘원 이광수

임에게는 아까운 것 없이 무엇이나 바치고 싶은 이 마음
거기서 나는 *보시를 배웠노라.
임께 보이고저 애써 깨끗이 단장하는 이 마음
거기서 나는 *지계를 배웠노라.
임께 주시는 것이라면 때림이나 꾸지람이나 기쁘게 받는 이 마음 거기서 나는 *인욕을 배웠습니다.
자나 깨나 쉴새 없이 그리워하고 임 곁으로만 도는 이 마음
거거서 나는 *정진을 배웠노라.

천하에 많은 사람 중에 오직 임만 사모하는 이 마음
거기서 나는 *선정을 배웠노라.
내가 임의 품에 안길 때에 기쁨도 슬픔도 임과 나와의
잊을 존재도 잊을 때에 거기서 나는 *지혜를 배웠노라

•보시 : 자비심을 가지고 널리 베푸는 것
•지계 : 계를 받아 지니고 실천하는 것
•인욕 : 어려운 일을 참고 견디는 것
•정진 : 항상 수행에 힘쓰고 게을리지 않는 것
•선정 : 마음을 고요히 하여 정신을 고요히 하는 것
•지혜 : 삿된 지혜와 나쁜 소견을 버리고 참 지혜를 얻는 것

당신은 부처님

당신은 부처님이란?

즉, 인불사상이다.

불성을 가진 사람이면 누구 부처님이라는 뜻이다.

이 말은 법화경에 나오는 상불경 보살품으로 법화경은 실상이다는 주제다.

즉 있는 그대로이다 두두물물 부처 아닌 것이 없다는 것으로 크게는 인불 사상을 의미한다.

법화경 실상의 입장에서 보면 우리가 육취 속에 살고 있는 고통의 현실을 환희 세계로 바꾸고 제도하는데 실상이 장엄하다는 점이다.

이 세상 모두가 하나도 가볍게 창조되어 있지 않고 정성스럽고 신묘하게 이루어져 있으며 깊은 의미로 구족되어 있다. 또한 우리 인생도 전부가 세상과 같이 깊은 의미와 신비로움으로 이루어진 존재다.

그러므로, 우리는 우주를 가볍게 보지 말고 인생 모든 사람을 가볍게 보지 말며 자기 자신을 볼 때도 잘못 보고 나는 불행하고 희망이 없는 사람으로 과소평가하지 말라는 인불사상의 큰 뜻이다.

삼라만상, 우주, 그리고 인간은 훌륭한 환희와 보람의 존재인데 잘 못보고 함부로 가벼이 대하는 것은 세상을 보는 지혜의 안목이 잘못 되어 있기 때문이다.

우리는 흔히 상대방을 볼 때도 모양 있냐, 없는 놈이냐 겉만 보고 평가하지 말고 깊은 곳에 숨어 있는 본연의 생명체를 보려고 노력을 해야 할 것이며, 각각 지니고 있는 장점을 인정해 주는 것이 필요하다.

나
마음은
만사의 주체이다
마음은
모든 생각의 주체가 되어
사건을 따라
오관에 미치는 바에 의하여
마음대로
부정도 긍정도 할 수 있다

나
한 생각에 의하여
행동이 나타나므로
그 주체를 마음이라 표현한다
그래서
불교는
마음의 종교라 한다
마하반야바라밀.

- 「나」 전문

 흔히들 지혜 없이 살다가 잘못되면 세상을 원망하는데 세상은 잘못이 없고 모든 것은 자기 탓이라는 걸 깨달아야 되는 것이다.
 자기를 형편없는 존재라고 생각하기에 늘 혼돈이 온다.
 그 혼돈은 남에게도 피해를 주는 결과가 되므로 지혜가 있는 사람이 되려면 매사를 소중히 여기는 마음이 절대 필요한 것이다.
 지금까지 원만히 살던 사람도 한 순간을 실수함으로써 평생을 불행하게 사는 사람이 얼마나 많은가!
 지금에 중국을 번영의 길로 인도한 덩샤오핑에게 어떤 서양 사람이 그이에게 철학을 묻자 덩샤오핑이 대답하길 처변불경處變不經 처변불경處變不經이라는 이 두 마디를 이야기했다고 한다.
 첫 번째 뜻은 세상을 살아가는데 어떤 고난이 오더라도 가볍게 대처하지 말 것이며 둘째는 어떠한 고난 속에서도 놀라거나 두려워하지 않고 지혜의 마음으로 풀어나가겠다는 의지를 말함인데, 우리가 일상을 생활하면서 어떤 곤경에 처했을 때 이 내용을 가슴에 새겨 볼 일이다.

세상을 보라! 늘 고요하다 태풍이라는 바람이 번개와 폭우를 동반하여 우리에게 고통을 주며 깨닫게 하는 것이 위음왕의 세계이며, 그 세상은 모든 절망, 좌절, 불행이 있을 수 없고 국명은 대성이다.

그러므로 온 세상이 큰 행복으로 이루어져 모든 사람들이 부족함이 없이 잘 사는 모습을 이야기한 것이다. 그 부처님 세상은 항상 수준이 낮은 성문에게는 사체법(고, 집, 멸, 도)을 설하고 연각에게는(벽지보살) 십이인연법(무명, 행, 식, 명색, 육처, 촉, 수, 애, 취, 유, 생, 노사)을 설하고 보살에게는 육바라밀을(보시, 지계, 인욕, 정진, 선정, 지혜) 설하여 부처의 정각에 이르게 한다.

위음왕 여래의 수명은 사십만 억 나유타 항하사 겁이란 이 말은 사는 사방에 걸림이 없다는 이야기인데 이는 우리가 사는 사농공상의 인의예지의 네 가지가 어렵지 않고 자유자재하게 펼쳐짐을 의미한다.

    나에 대해 집착을 버리니
    내 것이 있고

네 것도 있네

나에 대해 집착을 버리니
내 것이 없고
네 것도 없네

내 것도 없고
네 것도 없으니
얻을 것도 없네

얻을 것이 없으니
절대적의 세계에 들어가나니
그곳이 바로 부처의 자리이네

— 「불처佛處」 전문

 이것이 부처님께서 설한 상불경인데 즉, 우리의 한 행동 한 과정이 진리를 성취하려는 마음을 가지고 노력해야 할 것이며 매사에 세상 모두를 가볍게 보지 말고, 말 한마디 한 생각 한 동작이라도 소홀히 하지 않으며 매일매일 자기를 돌아보는 참 사람이기를 다짐하며, 우리는 처음부터 지혜가 완성이 안 되어 있고 살아가면서 열심히 노력하면 지혜가 늘어나는데 지혜가 완성이 안 되어 있으면서 자기 의견을 주장하면 업을 짓는 결과가 된다. 따라서 열심히 정진하되 부족한 상태에서 자기를 크게 주장하며 자기의 설

익은 지혜가 옳다고 강조하지 말고 천금 같은 마음으로 열심히 정진하여 뜻이 성취되고 자신이 있을 때 주장하는 마음을 심고 내가 알고 있는 내용이 바른 지혜인지, 그릇된 논리인지를 항상 살피면서 정진하면 기어코 자신의 꿈이 자신의 부처가 이루어 질 것이다.

법화경으로 본 인불사상

훌륭한 지혜를 갖춘 참다운 성자인가, 아닌가 하는 문제는 세상의 온갖 유형무형인 존재의 실상에 대한 바른 견해를 가지고 있는가, 그렇지 못한가 하는 것으로 판단할 수가 있다. 특히 그중에서도 사람에 대한 깊은 이해와 올바른 견해를 가지고 있어야 훌륭한 지혜를 갖춘 참 다운 성인이라고 말할 수 있을 것이다.

우리가 석가세존을 성인 중의 성인이라고 하는 이유는 바로 사람에 대한 바른 견해를 가지고 있기 때문이다.

왕자의 직위를 버리고 출가수행을 결심하신 것도 인간 존재에 대한 바른 이해를 위해서이다. 결국 6년의 수행 끝에 정각을 성취하였다고 하는 사실도 실은 인간존재의 실상을 꿰뚫어 보았다는 뜻으로 해석할 수 있다.

그리고 49년 동안 부처님께서 깨달으신 인간 존재의 실상을 많은 사람에게 널리 알리기 위해서 전법의 세월을 보내셨다.

그 전법의 세월을 보내면서 가르친 내용을 우리는 이름하여 팔만대장경이라고 한다.

그렇다면 팔만대장경의 내용은 무엇인가 궁금해진다.

한마디로 유정물, 무정물의 대한 실상을 설하여 그 존재의 실상에 맞춰서 우리 인간이 사는 길을 제시하였다고 할 수 있다.

그 많고 많은 진리를 설명하고 사람들은 그 진리에 맞게 살아야 사람으로 태어난 보람을 한껏 누리며 행복하고 평안하게 살 수 있다고 가르친 내용이라고 정리할 수 있을 것이다.

무수한 가르침 중에서 그 근본 취지만을 가려서 살펴본다면 부처님의 몇 가지 경전과 후대에 깨달음을 크게 이루신 몇 분의 조사님들의 가르침만으로도 충분히 이해할 수 있을 것으로 믿는다.

먼저 '법화경'은 세존께서 열반을 앞두고 마지막으로 가슴에 묻어 두었던 최후의 말씀이라는데 의미가 있기 때문에 반듯이 살펴보아야 한다.

> 마음에 경계를 지으니
> 닭소리 구슬프고
> 개소리 시끄럽네
>
> 마음에 경계를 없애니
> 산은 산이고

물은 물이라

경계 하나 지으니
오탁악세에 물든
사바세계에서 헤매고

경계 하나 지우니
깨달음으로 가득 찬
열반세계에 드나니

나 참 나를 찾고자
경계 지우고 지우길
어찌 게을리 하겠느뇨

-「경계境界」 전문

    특히 법화경 방편품에는 여래가 이 땅에 오신 취지를 스스로 밝힌 내용은 우리 불교를 이해하는데 매우 중요한 대목이 된다.
    "부처님은 오직 하나의 큰 인연으로 이 세상에 출현하느니라. 사리불이여, 무엇을 가지고 '부처님은 오직하나의 큰일 인연으로 세상에 출현한다.' 하는가? 부처님은 중생들로 하여금 부처님의 지견을 열어서 청정하기 위하여 세상에 출현하며, 중생들에게 부처님의 지견을 보여주기 위하여 세상에 출현하며, 중생들로 하여금 지견을 깨닫게 하기 위하여 세상에 출현하며, 중생들로 하여금 부처님의 지견의 길에 들어가게 하기 위하여, 세상에 출현 하느니라. 사리불이여, 이것은 모든 부처님이 하나의 큰일 인연을 위하여서 세상에 출현한 것이라 하느니라."라고 하였다.

경전에서 오직 부처님의 지견을 사람들에게 열어주고 보여주고 깨닫게 해주고 들어가게 해주기 위해서 이 세상에 출현하였다는 그 부처님의 지견이란 정견이며 깨달음의 지혜다. 그 지견으로 모든 존재의 실상을 바로 보고 자신의 실상을 바로 볼 수 있기 때문이다.

> 어둠의 밤이 가면
> 밝은 빛의 아침이 오고
> 물이 가득 차면
> 넘쳐흘러 내리는데
> 허망한 삶의 길을 밟으며
> 영생永生을 바라노니
> 길경桔梗*을 심어놓고
> 삼參을 캐려하고
> 토대 약한 사상砂上에
> 마천루摩天樓* 짓기인데
> 이를 알고 있으면서도
> 굴절된 행行을
> 멀리하지 못하니
> 일탈逸脫 되는 삶에

불교란 무엇인가 99

참 나眞我는

슬픈 울음을 토하누나

※ 길경(桔梗) : 도라지의 뿌리
※ 마천루(摩天樓) : 고층빌딩

− 「일탈逸脫」 전문

 그렇다면, 깨달음의 지혜에 의하여 인간의 실상을 바로 본다는 것은 무엇을 의미하는가?
 사람이 부처라는 뜻이다.
 곧 자신이 곧(당신이) 부처라는 뜻이다.
 혹, 뭇사람의 잘못 알고 그 사람은 죄업이 많고 번뇌 망상이 가득한 못난 중생이라거나, 또는 하나님의 종의 자식이라거나, 아주 몹쓸 짓만 하고 다니는 무가치한 존재라 하지만 그것은 삿된 견해며, 전도된 견해며, 캄캄한 눈을 가진 사람이다. 마치 맹인이 태양이 밝게 비추는데도 자신의 눈이 어두운 것을 탓하지 않고 태양이 없다고 우기는 경우와 똑같다. 사람을 부처님으로 보고 하나님으로 보아서 부처님으로 하나님으로 받들어 섬기며 존중하고 찬탄할 줄 아는 사람은 지혜를 갖춘 참다운 성인이다.
 이렇게 법화경은 28품(69584자)으로 나누어 각 품마다 특색을 가지고 있고,
 나는 길이요.

나는 진리요.

나는 생명이요.

나는 호흡이다는 인간의 실상을 말하고 있다.

그렇다면, 역대 조사님 들의 인불사상을 들추어 보기로 하자.

    간절하고 간절하게
    서원誓願을 하여
    뜻하고 원하는 것을
    이루면 무엇 하나
    복을 쌓지 않으면
    재물도 명예도
    일순간에 서산낙일西山落日*이네
    인연업과因緣業果는 진리라
    선인善因은 선과善果을 낳고
    악인惡因은 악과惡果를 낳으니
    선善한 서원을 세워
    선과를 얻었다 하더라도
    복을 쌓지 않으면
    어찌 선과를 유지하겠는가
    그러니 선의 복전福田을
    쉬임없이 일구어야
    참 나를 찾을 수 있지 않겠느뇨

*서산낙일西山落日 : 세력이나 힘 따위가 기울어져 멸망하게 되는 판국

                    – 「복전福田」 전문

첫째로 달마(?~528) 스님은 역대 그 어느 스님보다 유명하다. 스님은 인도 향지국의 셋째 왕자로서 서기 527년에 중국 양나라로 건너와서 중국 선불교의 초조가 되면서 불교를 완성 단계로 이끌어 올린 사람이다.

그가 중국 광주에 오자 광주 자사 소양이 주인의 예를 갖추어 영접하고 나서 표를 올려 양나라 무제에게 알렸다.

양무제가 그 보고를 받고 사신을 보내어 조서를 가지고 달마대사를 맞이하였으며, 지금의 금릉에 도착하였다.

양무제가 물었다.

"짐이 왕 위에 오른 이후로 사찰을 많이 짓고, 경전을 쓰고 승려들을 많이 배출한 일이 가히 다 기록할 수 없을 정도로 많은데 그럼 짐은 무슨 공덕이 있습니까?"

달마대사가 말하였다.

"아무런 공덕이 없습니다."

"어찌하여 아무런 공덕이 없습니까?"

"이러한 것은 다만 인간으로나 천상에 태어날 수 있는 작은 과보이며 모두가 빠져나가 버리는 원인일 뿐입니다. 마치 그림자가 형체를 따르는 것과 같아서 비록 잠깐 있으나 실다운 것이 아닙니다."

자심自心은 참 부처眞佛이고

자성自性은 참 법真法인데
미혹한 중생은 이를 알지 못하고
성인聖人들에게서만 부처를 찾고
문자로만 법을 찾나니
부처를 구하려고 하면
자심과 자성을 관觀해야
부처와 법을 구하는데
자심과 자성은 관하지도 않으면서
부처와 법을 구하니
어찌 부처와 법을 구하겠느뇨
그러니 자심과 자성 밖에서
부처와 법을 구하지 말고
자심과 자성 안에서
부처와 법을 찾을지니
이것이 참 나를 찾는 길일세

- 「관觀」 진문

"그렇다면 어떤 것이 참다운 공덕입니까?"
"청정한 지혜는 미묘하고 원만하여 그 자체가 스스로 공적하니 이와 같은 공덕은 세상의 일로는 구할 수 없습니다."
양무제가 또 물었다.
"어떤 것이 성스러운 진리로서 제일가는 도리입니까?"

달마대사가 말하였다.

"넓고 텅 비어 성스러움이란 없습니다."

"짐을 마주하고 있는 사람은 누구입니까?"

"모릅니다."

양무제가 그 뜻을 알지 못하였다.

달마대사가 갈대 잎 하나로 장강을 건너 위나라에 이르러 지금에 숭산 소림사에 머무르면서 얼굴은 벽을 향해 앉아 종일토록 침묵하였다. 사람들이 그를 알지 못하고 "벽만 보고 있는 바라문"이라고 하였다.

금릉에서 양무제와의 그 역사적 만남은 불행인가? 다행인가? 아무튼, 유명한 대화를 남겨 오늘날까지 선불교 사상의 핵심을 이루고 있다. 즉 "여러 가지의 불사를 하여 큰 복을 지었는데 그것이 어떤 공덕이 되는가?"라는 질문에 "아무런 공덕이 없습니다."라는 것이었다.

이 한마디가 천하 사람들의 눈을 열어주는 지침이 되었으며 올바른 불교 공부의 기준이 되었다.

만약 이 한마디 말이 없었다면 불교도들은 지금까지 자기와는 상관없는 밖을 향하여 부단히 찾고 있었을 것이다.

오늘날 이것을 심외무불이라 하지 않는가?

즉 자기 마음 안에 부처를 모른 것이다.

직지인심直指人心* 견성성불見性成佛*이고
심행처멸心行處滅*한 법성法性만이
불성佛性인 것만 같지만
만유는 일체실유불성一切悉有佛性*이라
산산山山 수수水水 화화花花 초초草草
그 어느 것 하나 하나에
불성이 없는 것은 없어라
견성見性은 자성自性을 관하는 것이니
자성을 올바로 관하는 것이야말로
참 나를 찾아가는 지름길일세

*직지인심直指人心,견성성불見性成佛 : 마음을 곧바로 직시해 본래 성품을 봄으로써 부처를 이룬다.
*심행처멸心行處滅 : 마음으로 행할 곳이 모두 사라지다.
*일체실유불성一切悉有佛性 : 생명이 있는 것은 모두 불성이 있다.

- 「집경執鏡」 전문

그렇다면 진정한 공덕은 어디에 있으며 무엇이 성불의 바른 길인가? 달마대사는 "양무제가 그동안 해온 불사로서는 한낱 천상이나 인간으로 태어날 수 있는 과보에 불과하다. 무한한 생명과 무한한 광명의 해탈과 진여 열반과는 거리가 십만 팔천 리."라고 한 것이다.

그래서 "청정한 지혜는 미묘하고 원만하여 그 자체가 스스로 공적하니 이와 같은 공덕은 세상의 일로는 구할 수 없습니다."라고 하였다.

즉, 사람이 본래 갖추고 있는 그 본성의 공덕과 청정한 지혜는 세상의 일이나 인위적인 수행으로 얻어지는 것이 아니라 이미 갖추고 있어서 누가 가져갈 수도 없으며 새롭게 다듬거나 장엄하거나 닦을 것이 아닌 그 사실을 아는 것 뿐이다.

이와 같이 모든 사람들은 본래부터 이미 해탈이 되어 있고 본래부터 부처가 되어 있다.

한량없는 복덕과 한량없는 신통을 다 갖추고 있어서 더할 것이 없는 그대로 완전무결한 존재라는 뜻을 설파한 것이다.

인간이 본래로 그렇게 위대한 존재거늘 하물며 양무제가 다시 물은 "성스러운 진리로서 제일가는 도리"가 따로 있을 까닭이 있겠는가, 역사적 만남에서 두 사람의 대화는 자꾸 어긋나기만 한다. 그러나 그 어긋난 대화가 다행하게도 먼 후대에까지 불교를 바로 가르치고 수행을 바로 하게 하는 거울이 되고, 지침이 되어 바른 견해를 세울 수 있었던 것이다.

삶에 있어서
어떤 것이 정답이고
어떤 것이 오답인가
정답인 줄 알았지만
나중에 오답이 되기도 하고
오답인 줄 알았지만
나중에 정답이 되기도 하니

삶에 있어서
정답도 없고 오답도 없다네
살아가면서 괴로움을 겪는 것은
재물의 많고 적음이 아니고
권력의 강하고 약함이 아니라
정답 오답을 분별하기 때문이나니
그 분별심이 참 나의 길을
무던히도 가로 막아서누나

- 「분별심分別心」 전문

　　황벽스님은 자신의 저서 『완능록』에서 달마대사가 인도에서 중국으로 오신 이유를 '오직 한마음의 이치를 전하여 일체중생이 본래로 부처님이라는 사실을 바로 가리키기 위해서라고 하며, 중생이 부처가 되는 데는 어떤 수행도 필요치 않다는 사실과, 다만 지금 자신의 마음을 바로 알아 자신의 성품을 볼 것이며, 달리 다른 곳에서 부처를 구하거나 찾지를 마라.' 라는 가르침을 남기기 위해서 라고 정리를 하였다. 다시 간추리면, 사람이 부처님인데 '당신이 부처님인데.' 라는 인불사상을 가리키고 있다.

3

님은 알고나 있을까

바른 신앙을 위한 조언

불반니함경에 이르길 "수행자들이어, 마음이 삿되려고 할때 그것을 따르지 말고, 마음이 음탕하려 할 때 그것을 따르지 말며, 생각이 약해지려 할 때 그것을 따르지 말고, 생각이 부귀해지려 할 때 그것을 따르지 말라. 마음을 단속하여 마음이 사람을 따르게 할 지언정 사람이 마음을 따르게 하지 말라."고 하였다.

악한 마음을 가져야 하는 일임에도 불구하고 그 일을 행하려 한다는 것은 악을 저지르고자 하는것이고, 음탕한 일임에도 불구하고 마음을 내는 것은 음탕함에 빠져들고자 하는 것이고, 해서는 안 될 일이기에 마음이 약해지는 것인데 그 일을 행하고자 하는 것은 해서는 안 될 일을 저지르는 것이다.

이렇듯 마음이 사람을 따르게 한다면 악한 일이나 해서는 안

될 일을 저지르지는 않게 되는 것이다.

장아함경에 이르길 "스스로 마음을 거두어들여 행동거지를 올바르게 해야 한다. 해야 할 것은 하고 하지 말아야 할 것은 하지 않으며, 좌우로 보고 몸을 펴고 구부리와 옷 입기등에 흐트러짐이 없어야 한다."고 하였다.

행동을 마음으로부터 비롯되는 것이다.

마음이 흐트러지면 행동도 흐트러지게 된다.

흐트러진 행동은 반드시 업을 부르니 경계해야 할 것이다. 잡아함경에 이르길 "믿음을 가져야 하고, 깨끗한 계행을 가져야 하며, 법을 자주 들어야 할 것이며, 인색함을 버리고 항상 희사하기를 게을리 하지 않아야 하고, 지혜로서 법의 깊은 뜻을 살펴야 한다."고 하였다.

      나는 누구인가
      수기안인修己安人 지상之像한가
      나는 품은 뜻이 있어
      지행합일知行合一 지상之像한가
      나는 올바른 삶을 위해
      지기추상持己秋霜한가
      기도와 정진의
      노력이 있다면
      상사청용象砂靑龍을 이룰 것이다.

악한 마음을 가지지 않고, 악한 것들로부터 멀어지고, 선한 것만을 취하려 한다면 부처님 법을 믿게 된다.

계행이 깨끗하면 바르게 믿을 수 있으며, 바르게 믿고자하면 법을 자주 듣고자 할 것이다.

증일아함경에 이르길 "법을 자주 들으면 다섯 가지 공덕이 있느니라. 알지 못했던 것을 알게 되고, 법을 들어서 그것을 읽고 외울 수 있게 되고, 생각이 삿되게 흐르지 않게 되고, 믿음이 생기게 되고, 진리의 깊은 뜻을 알게 되느니라."고 하였다.

나
나의
*6식과 이를 인식하는 *6경에 있다
6식의 대경은 과거, 현재, 미래로부터 온다
이는 끝내 탐·진·치 삼독의 베일에 싸여 돈다
6식 곱하기 *3세=18+*3독=21그램이
삶을 사는 영의 무게이다
참 마음 참 생각 참 행동이
실다움을 의미하나니
무엇을 직관하고 얻을 것인가
조용히 관할 일이다
마하반야바라밀.

*6식 - 안·이·비·설·신·의眼耳鼻舌身意의 인식 작용
*6경 - 색·성·향·미·촉·법色聲香味觸法의 만유의 대상

*3세 – 과거 · 현재 · 미래過現來
*3독 – 탐 · 진 · 치웁三毒

- 「나」전문

법을 자주 듣게 되면 배우지 않았던 것도 배운 것과 같이 알게 되며, 법의 가르침을 읽고 외울 수 있으니 악한 생각이나 행동을 하지 않게 된다. 법이 깨달음을 위한 것임을 알게 되어 믿음이 저절로 생기며, 이로 인해 지혜가 넓게 열려 법의 깊은 뜻을 살필 수있게 된다.

바른 신앙은 악한 것을 따르지 않으며, 음탕한 마음을 가지지 않으며, 마음을 단속하여 마음이 사람을 따르게 하는 것이다.

바른 신앙은 마음을 스스로 다스려 올바른 행동을 하는 것이며, 해서는 안 될 일을 행하지 않는 것이다.

바른 신앙은 법에 믿음을 가지고 계행을 깨끗이 하며, 법을 자주 듣는 것이다.

때로는
바곳날* 같은
가시에 찔리고

때로는
칠흙 같은 어둔
밤길에 차질蹉跌*하며

때로는
살을 에는 고추바람*에
사시나무 떨 듯하고

때로는
살얼음 위를
사비약* 걷기도 하며

한때는
외나무다리를 건너듯
위태롭기도 하고

한때는
사막에서 길을 헤매듯
방황도 하였지만

그래도
한 순간도 놓지 않았던
오롯한* 초발심

*바곳날 -길쭉한 송곳의 날카로운 날
*차질(蹉跌) - 발을 헛디디어 넘어짐
*고추바람 - 살을 에는 듯 매섭게 부는 차가운 바람
*사비약 - 소리가 나지 않게 가볍고 조심스럽게 내딛는 모습
*오롯한 - 모자람이 없이 온전하다

— 「초발심」 전문

바른 신앙은 올바로 믿고(正信), 올바로 행하는(正行) 것이다.

법은 참되고 바르며 열반에 이르게 하는 것이니 법은 지혜로운 사람만 믿을 수 있는 것이다.

그러니 불자들은 기쁜 마음으로 법을 믿고 행하라.

그것이 바로 바른 신앙을 위한 첩경이다.

탐욕을 버림이 행복

  만족을 모르는 탐욕에 빠지면 재앙과 쾌락이 붙어 걱정과 괴로움이 떠나지 않고, 아무리 고생해도 부자가 되지 않고, 온갖 악업을 짓고 남까지 해쳐 사후에 지옥에 떨어진다 -잠아함경
  만약 성불하고자 한다면 탐욕을 지니지 말아야 한다 - 제법무행경
  차라리 큰 불덩어리에 들어갈지언정 탐욕을 즐기지 말아야 한다 -대승계경
  탐욕과 인색 때문에 우리는 갖가지 부정한 일을 하게 된다 - 제법집요경
  욕심이 없으면 두려움이 없고 마음이 결백하면 근심 걱정이 없다 - 법구경
  모두가 탐욕을 경계하라는 경구이고 이외에도 경전의 여러 곳

에서 탐욕에 관한 경구를 쉽게 접할 수 있다.

불교에서는 근본적인 세 가지 번뇌로 탐욕貪慾*·진에瞋恚*·우치愚癡*를 들고 있는데 이 세 가지 번뇌가 중생들을 해롭게 하는 것이 마치 독약과 같다고 해서 삼독三毒이라고 한다.

그런데 이 삼독 중 유독 여러 경전에서 탐욕에 대해 거듭하여 설하고 있는데 그것은 탐욕이 삼독의 근본이 되고 있기 때문이다.

탐욕은 자기 얻고자 하는 것에 욕심을 내어 집착하거나 자기의 능력을 넘어선 욕심을 부리는 것, 자기의 뜻에 맞는 일에만 집착하거나 자기의 이익과 명예만을 지나치게 쫓는 것 등을 말한다.

혹자는 단순히 얻고 구하고자 하는 것 그 자체만으로는 탐욕이라고 할 수 없고 강한 집착을 가질때만 탐욕이라 할 수 있다고 말한다.

> 바라밀波羅蜜*에 들려
> 별빛을 가슴에 담고
> 맑은 이슬 머금고
> 청정淸淨한 마음으로
> 허명지虛明地*를 밟으며
> 구름처럼 물처럼 흐르다

---

*탐욕貪慾 - 자신이 좋아하는 대상을 갖고 싶어 하고 또 구하는 마음
*진에瞋恚 - 자기 뜻이 어그러짐에 노여워 함
*우치愚癡 - 진리를 분별하지 못하고 어리석은 마음

구진산 산중에
작은 절간 한 채 짓고
바람처럼 들어앉아
염불하고 기도했는데

지나온 시간을
가만히 되돌아보면
밟아온 여정이
진흙탕 길인 것 같고
지나갈 세월도
넝쿨 뒤얽혀 있는
가시덤블 길 같아
벗겨져야 하는 번뇌는
오히려 겹쌓여
한없이 파사婆娑*해지누나

*바라밀(波羅蜜) - 이승의 번뇌를 해탈하여 열반의 세계에 도달하는 경지
*허명지(虛明地) - 텅 비고 맑은 땅
*파사(婆娑) - 쇠하고 가냘프다

- 「호앙사에서」 전문

그러나 탐욕은 인간이든, 물질이든, 명예이든 그 어떤 대상에 대해 조금이라도 집착하는 마음을 보이면 탐욕이 되는 것이다.
그럼 탐욕은 어떻게 하여 생겨나는 것일까?
그것은 바로 자기애自己愛에서 생겨난다.

즉 남이야 못살든 나만 잘 살면 된다, 남이야 피해를 보든 말든 나만 피해를 보지 않으면 된다, 남이야 어렵든 말든 나만 어렵지 않으면 된다, 남이야 불편하든 말든 나만 불편하지 않으면 된다는 것 등 나만을 위하는 마음이 바로 탐욕이다.

탐욕은 나라는 존재가 중심이 되어 모든 것을 생각하고 판단하기 때문에 생겨나게 된다.

그리고 나만 생각하고 나를 중심으로 판단하여 생겨난 이 탐욕은 결국 나를 망치고 남도 해치게 된다.

해만
바라보다
한줌
하상下霜*에
고개
한껏
숙인
향일화向日花*

기다림
뻗어
타고
오르다
지쳐

입술
오므린
능소화

맑고
잔잔한
연못
위로
말없이
쏟아지는
노오란
별빛

일시에
무너지는
속울음
삼키며
가슴에
차곡차곡
모두었던
그리움

*하상(下霜) – 첫서리가 내림
*향일화(向日花) – 해바라기

– 「괴壞」 전문

그것은 탐욕은 아무리 충족하려 해도 바라는 만큼 충족되지 않으며, 또 탐욕을 채워가는 과정 속에 수많은 고통이 따르기 때문이다.

그렇기 때문에 탐욕은 그 크기가 크면 클수록 자꾸자꾸 행복과는 거리가 멀어지게 하고, 불행으로 나를 끌고 가게되고 그렇게 되면 맑고 평온한 삶을 살고자 하는 바램은 요원하게 된다.

그러면 탐욕을 버리고 조금이라도 나은 삶을 살려면 어떻게 해야 하는 것일까?

이에 대한 답은 나라는 존재, 나를 위한다는 마음을 버려야 한다. 그리고 남을 위하는 마음을 키워야 하는 것이다.

범부들은 무엇을 생각하든, 어떤 일을 행하든 나라는 존재를 그 중심에 둔다. 그런데 마음을 나라는 존재에 도는 것을 바라고 나보다는 남의 입장에서 생각하고 행동한다면 삶은 어떤 모습이 될까?

남을 먼저 위하는 삶을 살게 되면 그 삶은 예전과는 달리 맑아지고 평온해지게 된다.

그것은 나를 중심에 두지 않고 남을 먼저 생각하는 가운데 자신도 모르게 삼독이 녹아지게 되고 삼독이 녹아지면 깨달음을 얻게 되기 때문이다.

---

*무량아승지겁無量阿僧祇劫 - 연월일이나 어떤 시간의 단위로도 계산할 수 없는 무한히 긴 시간.

삼독을 다 녹여버리고 얻게 되는 깨달음은 과저 무량아승지겁 無量阿僧祇劫*부터 내가 부처라는 것을 깨닫는 것이다.
　그리고 삼독을 다 녹여버리면 시방세계가 불국토가 아닌 곳이 없다는 것을 깨닫게 된다.
　그리고 그런 깨달음을 얻게 되면 자연히 삶은 맑고 평온해지게 되는 것이다.

4

삶의 길

생

인생을 살아가는 일을 삶이라 하겠다.

이 삶에는 누구나가 다 잘 먹고 잘 입고 잘 살기를 소망하고 행복하기를 기원한다.

그러나 인간의 삶은 현재 진행형 속에서 이루어진다.

과거 생이란?

부모로부터 태어난 삶을 이야기할 수 있는데 가사, 부모가 돈이 많아 넉넉한 삶을 유지하여 의·식·주를 걱정 없이 해결할 수 있다는 뜻이다.

이는 부유한 삶이라 볼 수 있다.

그와 반대로, 빈천한 가정에서 태어났다면 당장 의식주를 해결하여야 할 운명을 안고 있어 부단한 노력이 필요하다.

요즘 같으면 즉, 학교 보내기도 무섭다는 뜻도, 먹고 살기도 힘

든데 학교 보낼 여지가 어디 있나 하는 식이다. 이는 과거 부모로부터 오는 생이 박복하다는 뜻인데 우리는 이 말을 종종 듣는다.
과거로부터 오는 인연의 생을 어찌 하란 말인가?
현재 생이란?
어제가 과거다. 하루하루 이어져 살아가는 삶을 의미한다.
여기에는 보다 나은 즉, 질 높은 삶을 추구하기 위하여 부단한 노력과 안목, 지혜, 행동 등을 수반하며 충족한 삶을 위해 욕망을 낳게 된다.
이 욕망 앞에 성공이냐 실패냐에 따라 환희, 신뢰, 경악, 걱정, 근심 등을 낳아 괴로운 삶이니, 즐거운 삶이니, 잘사는 삶이니, 행복한 삶이니 하는 것인데 세상은 그리 호락호락하지 않다.
이 지구상에는 무수한 생명들이 살다보니, 인류와의 전쟁, 이념과의 전쟁, 질병과의 전쟁, 수출과의 경쟁, 평화수호, 함께 공존, 함께 번영, 이해타산, 불협화음, 종식, 분별, 공동체란 그늘에서 삶을 영위하다 보니 의지처가 생기게 되어 구원을 바라고 나아가서는 영생을 바라고 믿음을 가지게 되고, 믿음을 외치게 되고, 올바른 진리를 찾아 저마다의 가치관을 누리며 한 삶을 산다.

    각覺에 못 이르렀을 때는
    시끄럽기만 한 물소리이고
    험해 보이기만 한 산인데

각에 이르르니
물소리는 부처님의 법문이고
산은 부처님의 몸이나니

본래 우주삼라만상만물宇宙森羅萬象萬物은
있는 그대로 원만하고 원융圓融*하여
무구무정無垢無淨*이지 않다더냐
간택揀擇*하는 마음이
참 나를 올바로 알지 못하세 하누나

*원융(圓融) : 원만하여 막힘이 없다.
*무구무정(無垢無淨) : 더러움도 깨끗함도 없다.
*간택(揀擇) : 분간하여 선택하다.

— 「간택심揀擇心」 전문

생生

살아 숨 쉬는 유정물들은 주어진 한 목숨이 다하는 날이 오면, 우리는 제 수명을 다하여 죽음에 이른다고 말한다.

만물에 영장인 인간도 예외는 더더욱 아니다.

그렇다고 해서 영생을 누리는 자도 없다.

하고 많은 사람은 죽음을 두려워한다.

이는 인생을 사는 동안에 집착이 너무 많았었기 때문이라.

그리고 참 자신의 깊은 내면을 한 번도 들여다 본 적이 없는 사람이 대다수 일 것이다.

본래 사람은 지地 수水 화火 풍風 4가지 원소로 생긴 것으로 지는, 굳고 단단한 것을 성으로 하고, 모든 물질을 지탱할 수 있는 본바탕(우리 몸의 뼈대. 손발톱 근육)을 말하고

수는, 습윤을 성으로 하고, 모든 것을 포용하는 바탕(우리 몸의

피. 땀. 고름)을 뜻하고

화는, 온을 성으로 하고, 성숙시키는 바탕(우리 몸의 일정한 온도. 일정한 혈압)을 말하고

풍은 동을 성으로 하고 물을 성장케 하는 바탕(우리 몸의 힘의 원동력 육근)을 뜻하는 것으로써

이를 통틀어 몸, 육신이라 하기도 하고, 넋이라기도 한다.

이 넋은 오장과 육부를 형성하여 들숨과 날숨으로 인연한 것이 바로 나이니라.

여기서 이 사대 원소는 부모로부터 물려받은 몸이다.

하지만 본래면목은 무엇인가?

찬연히 궁구하고 궁구할 일이다.

죽음이란?

혼과 넋이 분리되는 것

원초신은 허공계로 인식 되어 날아가고

포태신은 4대 원소이니,

온 곳으로 되돌아가는 것.

그렇다면 그 온 곳은 대체 어디인가?

지수화풍의 사대가 아니던가?

이 사대가 나의 본래모습, 천진면목일 뿐이다.

그래서 사람은 죽으면

지장, 수장, 화장, 풍장을 하게 된다.

우리 주위에도 흔히들 나이가 많이 들면, 죽음을 준비를 한다.

수의를 준비한다든지, 장례 치를 준비를 미리한다던지, 산소 자리를 미리 봐 둔다든지, 자식들에게 재산을 미리 분배한다든지, 유서를 미리 남기기도 하고, 이름 있는 큰스님은 열반 송을 남기기도 한다.

언젠가는 버려야 할 이 육신의 옷, 벗을 것을 생각하면 한시가 안타깝다.

이 산승은 묻고자 한다.

존재란 물음에 어떻게 답할 것인가?

최선을 다해 마음 공부하자는 일념의 노래가 백납가이다.

죽음은 시시때때로 오고 있지 않는가?

어찌 경책하지 않으랴!

    일체 번뇌를 소멸함이 적寂이요
    청정한 지혜 광명이 드러남이 조照이니
    적조寂照는 일체 번뇌를 소멸하여
    청정한 지혜 광명을 드러내는 것이네

    모든 사물에는 본성 없음이 무無요
    모든 분별을 끊어 집착하지 않음이 심心이니
    무심無心은 모든 번뇌가 소멸 되어
    크나 큰 지혜의광명이 나타남이나니

적조는 무심인 것이고
무심은 불생불멸不生不滅이나니
무심을 성취하면 그것이 바로
성불이고 열반일세

― 「무심無心」 전문

빈손空手으로

공수래공수거란?

사람이 태어날 적에 빈손으로 왔다가 이 세상을 하직할 때는 빈손으로 돌아간다는 뜻으로 재물에 대한 큰 욕심을 부릴 필요가 없음을 교훈적으로 이르는 말이다.

그러나 인생을 사는 동안에는 필요 충분으로 재물이 있어야 잘 사는 것으로 생각하고 너 나 할 것 없이 돈 타령이다.

이렇듯 오욕락에 묻혀서 살다보니 소유물에 젖어 그로부터 잘 사는 것에 잣대를 재고 탐욕의 도가니 속에 살면서 늙고 병들어 임종을 맞이하면 그동안 열심히 벌어 들인 재물을 아무것도 가져가지 못하는 안타까운 마음의 발로에서 유래한 것이다.

그러나 이 산승은 말하려 한다.

인간이 태어날 적에 두 주먹을 불끈 쥔 뜻은 이 세상을 살아갈 욕망을 일컫는 것이다.

 여기서 인간은 소유욕인 식욕, 애욕, 재물욕, 명예욕, 장수욕 등으로부터 오는 많은 업을 짓게 마련이다.

 한이 많거나 원이 많거나 하여 쌓인 이 오욕락 덩이는 곧 업이 되어 육도에 윤회하는 것이다.

 그런고로 업식을 바로 알고 그 발현하는 곳을 알아 윤회 고를 벗어야 할 것이고 공수래공수거란 업식은 가져간다는 뜻이니 죄악을 짓지 말고 참회와 바른 팔정도대로 살아갈 것에 부처님께서는 우리 중생에게 이를 선물한 것이다.

> 나의 깊은 곳 어딘가에 있어
> 나는 너를 날마다 마주치지만
> 너는 나를 언제 한 번
> 아는 체 한 적 있는가
> 허공까지 일체의
> 기氣와 운運이 모여
> 작은 우주를 만드나
> 이유도 모른 체 산산히 부서지고
> 만물은 조건없이 모였다 흩어지고
> 흩어졌다 모여 먼지 되어
> 허공에서 춤을 추고
> 그렇게 생겼다 없어지면서
> 날마다 휘돌고 있구나

존재도 일체도 없는
텅 빈 허공 속에 제각기
존재의 근원을 찾아다니지만
하루도 거르지 않고 날마다
꿈속에서 생과 사의
경계를 구별 짓는구나
대몽大夢에서 깨어나니
내 안의 너를 만나나니
아차! 이것이로구나

-「대몽大夢」전문

존재存在란?

무릇 이 삼라만상은 크게는 유정물과 무정물로 나누어 있고 특히 우리 불가에서는 유정물을 중요시하는데 육도라는 것이 있다.
이 육도는 지옥도(죄악을 지은 중생이 죽은 뒤에 태어날 지옥 선 악의 업이 중생으로 하여금 고락의 곳에 인도 하는 곳), 아귀도(아귀 즉, 귀신이 될 업을 인도하는 곳), 축생도(중생으로 악업을 짓고 어리석음이 많은 이를 축생으로 인도하는 곳), 아수라도(싸우기를 좋아하는 귀신으로 인도하는 곳), 인간도(인간으로 인도하는 곳), 천상도(극락세계로 인도 하는 곳)으로 유정물은 윤회를 한다고 한다.
이러한 수억 겁 광음 속에서 윤회를 거듭해서 받은 이 소중한 몸을 사람답게 멋지게 여실히 살아 인간다운 실상의 존재감을 나누자는 것이다.
오늘날 대중문화는 봉사하는 아름다운 미덕을 가진 사회단체가 많아졌다. 점점 이 사회가 고령화가 되어가기 때문일까?

남의 팔다리가 되어주는 사람, 농어촌의 대민 봉사활동을 돕는 사람, 요양원에서 거동이 불편한 노인들 목욕시키는 사람 등 다양하다. 즉 이런 봉사자는 사람의 향기가 난다.

후세를 위해 저술하고 연구하고 일하는 사람, 사회의 그늘 진 곳에서 안과 밖으로 일하는 관세음보살 같은 분은 진정한 보살도를 구하는 사람이다.

이런 아름다운 사람이야 말로 존재란 물음에 부끄러움이 없을 것이다.

반대로 남의 중상모략이나 일삼고 남을 곤경에 빠지게 하는 악의 그늘에서 전전하였다면 존재란 물음에 가히 부끄러울 것이다.

외로운 혼 홀로이 서쪽으로 향할 날
가련타 인생살이 오늘 사람 내일인데
나의 삶 영혼의 무게는 몇 그램의 무게일까?

주어진 한 목숨이 다하는 날이 오면
나는 저세상에서 어떻게 살았는지
존재란 값의 물음을 어떻게 답할 건가?

나 몇그램인가

간혹 일상생활에서 마음이 무겁다는 소리를 듣는다.
마음이 무겁다는 것은 생각의 견해이다.
생각의 견해는 곧 행동으로 이어져야 함이다.
우리 몸은 지수화풍의 4대 원소로서 이루어진 것인데 地지 우리 몸을 지탱하고 있는 뼈대 부분을 말하고 水수는 피와 물과 같이 생긴 원소를 말하고 火화는 우리 몸의 일정한 체온을 말하며 風풍은 바람 즉 기운을 의미하는데 이를 통틀어 육신이라 한다.
이 육신은 여섯 가지 기관으로 보고 듣고 냄새 맡고 맛을 보고 촉감으로 느끼고 뜻을 새기는 가운데 이를 움직이는 것을 마음이라하며, 4대 원소가 흩어지는 것을 죽음이라 하며 육신을 여읜 자의 마음을 일러 영혼이라 한다.
우리가 수행하는 과정에서 육신을 體체라 하고 마음을 어떻게

用용 다스리느냐에 따라서 닦는 마음의 척도를 알기도 하고 수행의 깊이를 알기도 하고 선과 악이 나타날 수도 있다.

여기서 마음이 무겁다 함은 여섯 가지 알음알이로 오는 물질과 마음의 여러 법을 발현케하는 아뢰야로 우주의 만유를 전개하게 된다. 그러므로 나, 나의 실상은 *6식과 이를 인식하는 *6경이 있다.

6식의 대경은 과거, 현재, 미래로부터 온다.

이는 끝내 탐, 진, 치 삼독의 베일에 싸여 돈다.

6식 곱하기 *3세=18+*3독=21그램, 이것이 삶을 사는 영의 무게이다.

참 삶이란?

참 마음, 참 생각, 참 행동이 실다움을 의미 하나니 무엇을 직관하고 얻을 것인가 조용히 관할 일이다.

마하반야바라밀…

　　빛으로 동녘이 열리는가 하더니
　　지은 것 하나 없는데 어느덧
　　어둠으로 새벽이 잠기니
　　어제와 같은 오늘을 보냄에
　　좌복座服을 부여잡고 통곡을 하지만
　　그 대상을 알 수 없어 빽빽하네*

밤은 나를 쉬라하지만
온종일 취한 것 하나 없고
내 안에 들어 있는 너는
여전히 아스라하기만 하여
내 안의 너를 찾지도 못했는데
내 어이 쉴 수 있겠는가

한 오백 년 살 것 같아
휘두르며 살아왔지만
내 안의 너를 마중도 못 하고
육신은 어느덧 도래솔* 되었으나
그래도 내 안의 너를 찾고 있음에
밤이 어둡기만 하지 않네

*빽빽하네 : 생각이 잘 돌지 않아 답답하네.
*도래솔 : 무덤가에 축 늘어선 소나무

－「내 안의 너 찾기」전문

집착을 버리면 행복하거늘

우리 인간이 가지게 되는 고통은 어디로부터 오는 것인가.

대부분의 인간의 삶은 고통을 수반하고 있는데 고통이 없는 삶을 살아간다면 그 사람의 삶은 그 자체가 깨달음의 삶이요, 해탈의 삶이라고 해야 할 것이다.

고통이란 무엇이며 왜 생겨나는 것일까?

우매한 사람은 고통은 남으로부터 오는 것으로 알고 있으나 고통은 남으로부터 비롯되는 경우도 있지만 근본적으로 자기의 마음으로부터 오는 것이다.

고통은 무엇을 소유하려 하거나 남의 것을 자기 것으로 만들려는 욕망에서 비롯되는 무지이다.

대부분의 인간들은 모든 것을 자기를 중심으로 삼아 자신의 욕망에 비추어 주관적으로 판단하고 바라보며 '이것은 내 것' 혹은

'그것은 내 것이 아니다' 하는 식의 생각에만 사로잡혀 있다.

이것은 내것이라는 관념에 사로잡혀 있기에 내 것을 잃지 않으려는 마음에 두려움이 생겨나고, 내 것이 아닌 남의 것을 내 것으로 만들기 위해 욕심이 생겨나고 내 것을 잃었을 때나 남의 것을 내 것으로 만들지 못했을 때 분노가 생겨나게 된다.

결국 고통은 욕망으로 인해 집착이 빚어내는 추한 모습인 것이다.

대부분의 인간에게 있어 모든 사물이나 인간은 한갓 자신의 욕망의 대상에 지나지 않는다.

그리고 그 욕망은 인간의 마음에 베인을 드리우고 사물이나 인간을 본연의 모습으로 보려는 시작을 방해하고 있다.

만유는 본래 속성이 허망하고 무상한 것이다.

만유가 허망하고 무상한 것임을 깨닫지 못한다면 그것은 인간의 삶이 아닌 한낱 짐승의 삶이고 업장의 놀음에 불과할 뿐인데 욕망은 이런 마음의 실상을 깨닫지 못하는데서 오는 무지이다.

그러나 마음의 무지를 깨닫게 되면 지혜를 얻게 된다.

마음의 무지를 깨닫게 되면 자신의 욕망과, 두려움과, 분노가 어떻게 하여 고통을 유발하게 되는지 알게 된다.

그리고 고통을 유발하는 원인을 알게 되면 집착을 버리게 되는 것이다. 인간의 마음은 크게 기쁨으로 충만되어 있거나 아니면 고통으로 가득 차 있게 되는 두가지로 나누어진다.

해 길어지는 봄날에
늘어지게 자고나니
어느덧 늦가을이라
창밖의 해는 빨리 지누나
평생 꾼 큰 꿈
아직 이루지 못했는데
머리에 하얀눈 내리니
내안의서 찾은 나는
밖으로 나서지도 못하고
다시 안으로 들어서는 것만 같아
마음만 바쁘구나

- 「내안의 나」 전문

백년이 가도
천년이 가도
비바람 맞고
눈보라 맞더라도
물빛 미소 머금고
별빛 수놓은
은하구 즈려밟고
고운 발길로 오신다면
기다리고 기다리렵니다

낮이나 밤이나
목마른 갈증으로
가시덤불 험한 길을
바람처럼 걸어가는
아둔한 백치 중은
당신이 오시기만 한다면
모두가 떠난 빈산을
홀로 지키고 서 있는
망탑望塔이 되겠습니다.

— 「망탑望塔」 전문

삼세인과三世因果를 잊지 말라

스님이라는 신분이 인생 상담가는 아니고 사찰이 상담을 하는 곳이 아닐진대 이런저런 문제로 상담을 청해 오는 불자가 적지 않다.

더구나 법회가 있는 날에 상담하면 그래도 나은데 평일에 느닷없이 들이닥쳐 시간을 빼앗는 경우가 대부분이어 수행에 방해를 받으니 결코 달가운 일은 아닌데 그렇다고 불자들의 궁금증이나 문제를 몰라라 할 수는 없으니 난감하다.

오전에는 옥빛이었던 하늘이 정오를 지나서부터 흐려지기 시작하더니 오후로 갈수록 잿빛으로 변해가던 이른 여름 어느날이었다.

사찰의 법회에는 빠짐없이 동참하였지만 별도로 기도를 하거나 하지는 않았던 보살이 그날 사찰을 찾았는데 법당에 들러 부처님께 예를 올리고 난 후 내 앞에 마주 앉은 보살의 얼굴이 수심으로 가득 차있었다.

부부간이나 시댁과의 사이도 좋고 자녀들도 별 탈 없이 학업에 임하고 있어 그런대로 평안한 가정이기에 근심이 없는 줄로만 알고 있었던 보살의 얼굴에서 수심을 보게 되자 은근히 걱정이 되었다.

그런데 다행이도 보살은 근심이나 걱정이 아닌 어찌보면 넋두리를 늘어놓았다.

"스님, 저는 저도 어려운 형편이지만 어려운 사람들을 돕고 있고 남들에게 욕을 먹을 말이나 행동을 하지 않습니다. 최대한 부처님 법에 어긋나지 않고 착하게 살고 있는데 도대체 형편은 나아지지 않습니다. 그런데 제가 알고 있는 사람은 장사를 하고 있는데 모조 물건을 정품인양 판매하고 있고 남을 돕는데도 인색한데도 돈도 많이 벌고 잘 살고 있습니다. 도대체 그 이유가 무엇인가요?"

넋두리 같은 질문을 던져놓은 보살의 눈빛은 나로부터 현명한 답을 기대하고 있었다.

보살의 말대로 착하게 살며 자비를 행하고 있음에도 불구하고 현실적인 형편은 나아지지 않은 사람이 있는가 하면 악하게 살면서 자비를 행하지 않음에도 불구하고 잘 먹고 잘 사는 사람이 있다.

그 이유는 무엇일까?

바로 삼세인과三世因果가 그 답이다.

즉 과거생에서 지은 업을 현생에서 과보로 받고, 현생에서 지은 업이 미래생에 과보로 나타난다는 것이다. 주위를 살펴보면 빼앗는 사람이 빼앗긴 사람보다 잘사는 것 같고 선한 사람보다 악한 사람이 더 잘 사는 것 같으나 이는 겉모습만 그럴 뿐이고 삼세인과의 진리는 그렇지 않다.

삼세인과의 진리는 남의 것을 빼앗은 사람은 그 빼앗은 것을 영원히 가지려하지만 언젠가는 그 빼앗은 것을 빼앗은 사람에게 되돌려주게 되고, 남에게 자신의 것을 빼앗긴 사람은 빼앗긴 것을 되돌려 받지 않으려고 해도 언젠가는 다시 되돌려 받게 되는 것이다.

중국의 불교설화집인 변곡명삼인집卜穀明三世集에 삼세인과를 여실히 보여주는 설화가 있다.

옛날 중국 소주蘇州 땅에 돈 많은 장자 시대창施大昌이란 사람이 있었는데 그는 일찍이 불교신자로서 신심이 대단하여 호구산虎丘山에 관음사觀音寺를 창건하였다.

더구나 시대창은 사찰의 창건에 머물지 않고 관음전의 건축과 백의관세음보살상을 조성하는 등 관음사를 여법한 백화도량白花道場으로 꾸몄다.

이윽고 이틀 후면 관음전의 낙성식을 하게 되자 시대창은 주지로 모신 단계화상丹溪和尙과 같이 관음전에 들어 관세음보살님께 중생들의 모든 죄를 소멸하여 주고 아울러 복이 이루어지길 축원하였다.

그런데 시대창과 단계화상이 축원을 마치고 법당 문을 나오려는데 절 뒤에서 곡성이 크게 들려와 이를 이상하게 여기고 찾아 올라갔다.

울음 소리의 주인공은 오랫동안 시대창과 헤어져 있던 서당의 동창생인 계한영이었다.

시대창은 깜짝 놀라서 어찌하여 이곳에 와서 울고 있느냐고 물었더니 계한영은 3만 냥의 빚을 져서 자살을 하려고 나무에 목을 매어 죽으려고 하였지만 마누라가 불쌍해 죽을수가 없어서 이러지도 저러지도 못하고 신세타령을 하고 울고 있던 중이라고 대답했는데 이 말을 들은 시대창은 자신이 계한영을 만나게 된 것은 관세음보살님이 도와주신 것이라 3만 냥을 줄테니 갚을 생각은 하지 말고 빚을 청산하고 재생하여 잘 살라고 하였다.

더구나 시대창은 결실이 다 된 수천평의 과수원 하나를 양도하여 주면서 과실을 따서 팔아서 생활을 꾸려나가라고 하였고, 친구 시대창으로부터 3만 냥과 과수원을 양도 받은 계한영은 너무 감격하여 관음전을 향하고 머리 숙여 절하며 자신이 시대창으로 부터 도움을 받게 된 것은 모두 관세음보살님의 공덕이며 만일 금생에 이 돈을 갚지 못한다면 우리 식구가 죽어 저 세상의 견마犬馬가 되어서라도 갚겠다고 하였고 또 3남매의 자녀 중 큰 딸을 시대창施大昌의 아들인 시환施還에게 주어서 성혼을 시키겠다고 맹세하였다.

친구 시대창으로부터 받은 돈으로 빚을 갚고 과수원을 가꾸던 계한영은 어느 날 대추나무 밑에서 토금土金으로 묻혀 있던 벽돌 장만한 순금 덩어리를 발견하게 되어 그것을 팔아 큰 부자가 되었다.

반면에 시대창은 어찌된 일인지 실패를 거듭하여 파산케 되었는데 계한영은 빚돈 3만 냥도 갚지 않고 약혼을 한 딸도 며느리로 주지 않을 뿐만 아니라 아예 다른 지방으로 이사를 하여 그곳에서 돈을 더 벌려고 무역상을 시작하였으나 계한영은 협잡꾼에게 속아 재산을 송두리째 날리게 된다.

다시 알거지 신세가 된 계한영은 노변路邊에 쓰러져 울다가 잠이 들어 꿈속에서 어떤 큰 집에 이르러 밖에서 개구멍으로 기어 들어갔다.

그런데 뜻밖에도 그곳에서 시대창을 만나게 되었으며 이에 시대창은 계한영을 '개가죽을 쓴 친구여, 무엇을 또 얻어 먹으려고 왔느냐'며 발길로 찼고 발길을 피해 도망하여 뒷마당으로 가게 되었으며 그곳에서 두 아들과 아내가 개가 되어 있어 깜짝 놀라서 자기 몸을 돌아보니 자기도 이미 개가 되어 있었다.

계한영은 도대체 어떻게 된 일이냐고 묻자 아내는 '계한영이 호구산 관음사에 계신 관음보살께 맹세한 일을 지키지 않아서 이렇게 된 것이다'라고 말하였다.

계한영은 꿈에서 깨어나 집으로 돌아와 보니 벌써 두 아들이 죽어 있고 아내도 병이 들어 죽으려고 하는데 허공에서 큰 아들의 목소리가 들려왔다.

향촉香燭을 사르고

일심一心을 모아
끝없이 염불하며
기도삼매에 드는 것은
자아自我를 되찾아
대우주의 진리를
내 안에 품으렴인데

한 줄기 바람결의
슬픔도 모르고
한 덩이 물방울의
눈물도 모르면서
날이면 날마다
법당에 들어앉아
부처님 찾으면 뭣하나

시간은 흘러도
해 지면 달 뜨면
사계절은 반복되고
강물은 흘러서
바다로 나아가듯
만유의 진리는
언제나 불변인데

이미 나 있는 길이

올바른 길이고
가야할 길이기에
한 치의 주저도 없이
먼 길을 떠났으면서
다른 길을 찾고 있으니
해탈解脫은 가뭇없다*

*가뭇없다 - 보이던 것이 전혀 보이지 않아 찾을 곳이 감감하다

-「불변不變」전문

큰 아들은 계한영 집안에서 시대창의 은혜를 저버려서 명부시왕(十王)이 계한영의 아내는 혹이 달린 암캉아지로 만들었고, 두 아들은 두 마리의 수캉아지로 만들었다.

그리고 계한영도 오래지 않아서 시왕의 판결을 받고 시대창 집의 개가 될 것이나 누나만은 남은 인연이 있기 때문에 개는 되지 않을 것이라고 말했다.

허공에서 들려오는 목소리는 꼭 큰 아들의 목소리와 같았다.

그로부터 얼마 후 계한영의 집은 화재로 전소되어 계한영은 집도 절도 없이 가련한 신세가 되었고, 그래서 할 수 없이 딸을 데리고 예전에 살았었던 소주蘇州로 가보니 파산했던 시대창은 재기를 하여 거부가 되어 있었고 아들 환還이도 대가집 딸과 결혼하여 살고 있었다.

비렁뱅이가 되어 나타난 계한영은 시대창에게 지난 일에 대해 면목이 없으며 염치없는 일이지만 약속한 대로 환이와의 인연을 맺어주게 하기 위해 딸을 데리고 왔으니 받아달라고 애원했다.

그러자 시대창 대신 아들 환이가 나서서 자기의 아버지가 3만 냥을 주어 빚을 갚게 하여주었고, 더구나 과수원까지 주어서 먹고 살게 하여주었는데 과수원에서 금덩이가 나오자 말 한마디 없이 다른 도시로 도망가서 호화판으로 살다가 급기야 망하니까 다시 찾아와 도와달라고 애원을 하니 참으로 염치불구한 일이라고 말했다.

또 환이는 사람은 마음을 잘 써야 하며, 관세음보살님께 맹세한 대로만 하였으면 망하지 않았을 것이라며 거절하였다. 그러자 계한영은 창피를 무릅쓰고 사지四肢를 땅에 뻗치고 고두백배하며 자신이 죽을때가 되어 저지른 일이니 한번만 너그러이 용서해달라고 애원을 하였고 그때 어디에서 나타났는지 강아지 세마리가 나와 슬프게 울고 짖었는데 계한영은 그 세 마리의 강아지가 자신의 처자라고 생각하니 정신이 아득하였다.

이에 마음이 더욱 다급해진 계한영은 오갈 데 없는 자신의 딸을 환이의 후실이라도 받아주면 결초보은結草報恩하겠다고 거듭 애원하자 그때서야 시대창이 나서서 계한영의 소행이야 괘씸하지만 딸이야 무슨 죄가 있겠느냐, 그러니 용서하고 받아들여서 둘째 아내로 삼으라고 환이에게 말하니 환이도 생각을 돌려 허락하였고,

그 후 계한영은 관음사에 들어 관세음보살께 참회하고 스님이 되어 시대창의 행복과 자기의 처자가 인간으로 환생하기를 기도 발원하였다.

> 겹겹한 산을 넘고 넘어
> 굽이굽이 강을 건너고 건너
> 탐진아만食瞋我慢에서 벗어났는데
> 어느덧 머리가 백발이네
> 주어진 천명天命을 다하면
> 극락으로 갈지 지옥으로 갈지
> 앞길이 망망한데
> 죽음 앞에 이르면
> 더욱 깊은 경계에 빠져들테니
> 또 다시 쌓이는 번뇌에
> 그 누구를 탓하리오
> 참선에 게을렀던 내 탓이니
> 애닯음에 밤은 더욱 깊다.
>
> – 「내 탓이려오」 전문

그 뒤 어느 날 밤에 계한영의 꿈에 처자들이 나타나서 계한영이 과거의 죄를 관세음보살님께 참회하고 수도한 공덕으로 자기들도 업보를 소멸하고 이고득락離苦得樂하게 되었다고 하였고, 이에 계한영이 알아보니 시대창의 집에 있던 세 마리의 강아지가 한꺼번에 죽었다는 것을 알게 되었으며, 이후 계한영은 단계 화상의 뒤를 이어 관음사의 주지가 되고, 시대창은 관음사의 화주가 되어 80까지 같이 살면서 도반道伴이 되어 염불삼매念佛三昧로써 세상을 지냈다고 한다.

이 중국의 불교설화는 참으로 삼세인과의 진리를 여실히 밝혀 주고 있다.

불자라면 누구나 행복한 삶을 살기 위해서는 많은 복을 지어야 함을 잘 알고 있다.

그러나 열심히 복을 짓고 닦아도 갖은 고생에 허덕이는 사람들이 있는데 이것은 전생에 지은 악업惡業때문이다.

또 어떤 사람은 나쁜 짓을 수없이 하는데도 불구하고 벌을 받기는커녕 잘 사는 사람이 있는데 이것은 바로 전생에 지은 선업善業 때문이다.

석가모니 부처님께서는 삼세인과경을 통해 '욕지전생사欲知前生事 금생수자시今生受自是 욕지미래사欲知未來事 금생작자시今生作自是'라고 말씀하였다.

즉 '전생의 일을 알고 싶거든 현생의 자신의 모습을 보고, 다음 생의 일을 알고 싶거든 현재 네가 하고 있는 행동을 보라'고 말씀하신 것이다.

그리고 석가모니 부처님께서는 삼세인과경을 설치하고 나신 뒤 이렇게 당부하셨다.

"내일의 행복을 위하여 오늘 선행을 하고 복을 지으면 언제 어디서도 안정을 얻고 사람들의 공경을 받으리라.

　만가지업이 스스로 지어 스스로 받는 것이니 고통을 받은들 누구를 원망할 것인가.

　인과를 믿지 않으면 반드시 무서운 과보를 받으리라.

　멀리는 자손에게 있고 가까이는 자기 몸에 있으리라.

　만약 전생의 인과법을 묻는 자가 있거든 동서고금의 복되게 잘 사는 사람과 빈천하고 고통스럽게 살아가는 사람을 보라.

　만약 후세의 인과를 묻는 자가 있거든 금생에 질투하고 악독한 사람을 보라.

　　　나
　　　본래
　　　무일물無一物하여
　　　텅 비어 있어
　　　나도 아니고
　　　네도 아닌 것이
　　　삼계의 떠도는 무위無爲 자연 속
　　　에너지란 지수화풍地水火風의 속성물 가운데
　　　아버지란 원신의 정기와
　　　어머니란 포태신 속에
　　　*오온五蘊이란 육신을 받았었지요.
　　　이름하여

삶의 길 153

나

나란

본래의 모습입니다

*오온(五蘊) - 은蘊은 모아 쌓은 것. 곧 화합하여 모인 것. 무릇 생멸하고 변화하는 것을 종류대로 모아서 5종으로 구별한 것. 색·수·상·행·식을 말함.

- 「나」 전문

그는 반드시 죽어서 뱀이나 소와 말과 같은 축생 보를 받고 악도에 떨어질 것이니라."

또 법구경에 악행품에서 이르길 '요초견복妖初見福 기악미숙其惡未熟 지기악숙至其惡熟 자수죄학自受罪虐 정상견화貞祥見禍 기선미숙其善未熟 지기선숙其其善熟 필수기복筆受其福' 이라고 했다.

즉 '악의 열매가 익기 전에는 악한 사람도 복을 누린다. 그러나 악의 열매가 익은 때에는 악한 사람은 반드시 과보를 받는다. 선의 열매가 익기전에는 선한 사람도 화를 만난다. 그러나 선의 열매가 익은 때에는 선한사람은 반드시 복을 받는다' 는 것이다.

삼세인과는 이런 것이다.

그러니 삼세인과를 잊지 말고 새기어 항상 선업을 짓는 불자가 되어야 할 것이다.

불심을 잃지 말라

석가모니 부처님을 가르침을 믿고 따르는 불자들은 '불심佛心이 지극하다, 불심이 돈독하다, 불심이 깊다'는 등 불심이라는 말을 자주 입에 올린다.

그런데 불심이란 무엇인가?

불심은 '부처님의 마음이다'라고 말할 수 있는데 크게 어긋난 것은 아니지만 불자자면 이 불심에 대해 좀 더 자세히 알고 있어야 한다.

불자라면 자비심慈悲心, 청정심淸淨心, 경희심慶喜心, 정진심精進心 등 4가지 마음을 지녀야 한다.

자비심은 중생을 크게 사랑하고 가엾게 여기는 마음이다.

자비慈悲의 자慈는 적극적으로 즐거움을 주는 것이고, 비悲는 소극적으로 괴로움을 없애는 것이다.

그러므로 자비심은 괴로움이 있는 사람의 괴로움을 나누어 갖는 따뜻한 마음이다.

그러나 자비심은 남을 도와주었다고 해도 도와 준 것을 티내지 않는 그런 마음이다.

청정심은 망념과 집착을 버리며 부처님의 높은 가르침을 생각하고 항상 마음을 청정을 지키는 마음이다.

이 청정심을 더럽히는 것으로 원망, 슬픔, 미움, 괴로움, 분노 등 많으나 그런 마음이 일어나면 생각을 가다듬어 마음의 청정을 가꾸어야 한다.

경희심은 불법을 듣고 기뻐하는 마음이다.

우리는 비록 범부이기는 하나 부처님 가르침으로 진리의 주인공이 된다.

그러므로 하루하루 살아가는 것이 욕망과 안락을 찾아서 정처 없이 방황하는 것이 아니라 진리를 배우고 수행하는 것이니 언제나 기쁨과 감사를 잃지 않아야 한다.

정진심은 꾸준하고 용기 있게 노력하는 마음이다.

우리들의 본성은 진리이며 이 진리는 한없는 지혜이고 우리의 본분이기에 지혜와 용기로 끊임없이 정진해야 한다.

불자라면 이 4가지 중 어느 하나라도 잃어서는 안 된다.

자비심을 지녔다고 하더라도 그 자비심을 내는데 어떤 목적이나 이득을 바래서는 안 되고, 자비심과 청정심을 지녔다고 하더라도 욕망과 안락만을 추구하면서 석가모니 부처님의 가르침대로 행하지 않으면 안 되고, 자비심과 청정심과 경희심을 지녔다고 하더라도 꾸준히 석가모니 부처님의 가르침을 닦기에 노력하지 않으면 안 된다.

불자가 이 4가지 마음 중 어느 하나라도 잃으면 불자라고 할 수 없다.

불교에서는 자기보다 어려운 사람을 돕고, 망념과 집착을 버리고, 석가모니 부처님의 가르침인 진리를 깨우치고자 부지런히 노력하는 사람을 보살이라고 한다.

즉 앞서 열거한 4가지 마음을 항상 지니고 있어야 보살이 되고 더 나아가 부처가 되는 것이다.

유일신을 믿과 따르는 종교에서는 그 유일신이 나를 구원해주는 존재이다.

그렇기에 그 유일신이 나를 구원해주지 않으면 나는 구언을 받을 수 없다.

그러나 불교는 어떤 신을 믿고 따라 그 신으로부터 구원을 받는 종교가 아니라 자기가 본래 지니고 있는 불성佛性을 찾아 자기를 형성하는 자기형성自己形成의 종교이다.

즉 자기가 본래 지니고 있는 부처가 될 성품을 찾아 열반이라는 피안의 세계에 도달하는 종교인 것이다.

그러므로 앞서 말한 4가지 마음, 즉 불심이 없이 성불을 하고

자 한다면 그것은 망상이다.

  이점을 확실하게 인지하고 언제, 어느 때, 어느 곳, 어떤 상황에서도 불심을 잃지 말길 바란다.

    한 줌 쌀 바라에 넣고
    한 뼘 꺽인 주장자 들고
    몇 겹이나 산을 넘고
    몇 구비나 강을 돌았던가
    돌아올 때 매화꽃 보렸는데
    매화꽃은 이미 지고
    낙엽만이 수북하나니
    인생이 일장춘몽一場春夢이랬는데
    그러한들 어떠리
    내 안에 깨달음의 꽃등 하나
    고이 밝혀 놓았으니
    가는 세월이 야속하지 않누나

    *일장춘몽(一場春夢) - 한바탕의 봄 꿈이라는 뜻으로 인생의 모든 부귀영화가 꿈처럼 덧없이 사라지는 것을 비유하는 말로서 한낱 꿈, 부질없는 일, 쓸모없는 생각 등을 가리킨다.

                                - 「회귀回歸」 전문

    지나가던 바람도
    숲 속에서 잠들은
    고적孤寂*한 밤

지난날을 반추해보니
민족보다 후회가 많네

뜰에 피어난 꽃들도
향기를 뽐내지 않고
하늘에 떠있는 별들도
빛을 다투지 않으니
언제나 아름다운데

탐욕에 물들고
노여움에 물들어
어리석은 중생들은
무엇이 그리 잘났다고
나서기를 좋아하니

향기도 잃고
아름다움도 없이
번뇌는 늘어나고
본래면목本來面目*은 잃어만 가
깨달음은 멀기만 하다

*고석(孤寂) - 외롭고 쓸쓸함.
*본래면목(本來面目) - 중생이 본디 지니고 있는 순수한 심성.

- 「반추의 시간」 전문

산등성이 앉아 있던
잔설 녹아내리니
잠에서 깨어난 봄이
법계法界*를 장엄하고

앞눈 틔워지는 자목련 가지에
고고孤高*하게 앉아 우는
청아淸雅*한 산새소리가
법열法悅*을 노래하는데

탐욕을 쫓는 중생들은
변하지 않는 자연이
무언無言의 가르침인 줄 모르니
미혹하기 그지없네

*법계(法界) - 불교도佛敎徒의 사회.
*고고(孤高) - 세상일에 초연하여 홀로 고상하다.
*청아(淸雅) - 맑고 아름다움.
*법열(法悅) - 설법을 듣고 진리를 깨달아 마음속에 일어나는 기쁨.

- 「무언의 훈訓」 전문

5

선시감상

선禪이란?

선이란?

선은 존재의 근원을 통찰하고 나와 우주의 참모습을 자각하여 참된 주체를 확립하는 수행을 말함이다. 이러한 참선수행이 현대인이 관심을 가지는 이유는 무엇일까?

오늘날 인간은 문명의 발달로 인하여 참된 삶을 살지 못하고 존재와 생명의 근원이 무엇인가를 모르고 살아가고 있다. 즉 자아의 진실한 모습이 무엇인가를 모르고 살아가고 있기 때문이다.

우리들의 일상생활을 돌이켜 보면 타성적인 생활관습으로 살아가고 있다. 이는 생존 그 자체를 위하여 산다고도 하고 어떤 이는 명예를 위해서 산다는 사람도 있고 또 어떤 이는 오로지 가족만을 위하여 사는 이도 있고 어떤 가치관의 목적을 성취하기 위해 산다고도 한다.

또한 아무런 의미를 갖지 못한 채 일상의 반복 속에서 묻혀 살기도 하고 하루하루의 삶이 고통뿐인 삶을 사는 이도 있다.

이러한 각각의 삶이란 삶 속에서 지각 있는 가슴을 지닌 자는 '나는 누구인가' 의심을 가지게 된다.

과연 나는 누구이며 나의 전면목은 무엇이며 울고 웃고 태어나고 죽고 하는 주인공이 무엇이냐 하고 자문을 하게 된다.

인간은 누구나 물질적으로 풍요로움을 가지려 하는 반면에 심리적으로는 거기에 따른 많은 갈등과 불안한 요인으로 한 삶을 살아가고 있다. 즉 더 나은 풍요로움을 가지기 위해 많은 이해와 득실 속에서 가중된 업무와 스트레스와 고독 속에서 힘겨워하고 있다.

여기서 사람들은 점점 더 이기적인 욕심을 내게 되고 서로에게 많은 상처를 안겨주며 스스로가 지쳐가고 있다. 이러한 소용돌이가 오늘날 우리들의 자화상이다.

　　법당에 들어
　　좌선을 하니
　　번뇌다 끊어지고
　　염불삼매에 드니
　　망상이 사라져
　　지난 간 잘못은
　　바꿀 수 없으나
　　다가올 일은

올곧게 할 수 있고
길을 잃었더라도
잃은 길을 찾을 수 있으니
해탈이 바로 눈 앞인데
달 가린 구름이
샛별 빛마저 가리누나

-「해탈문解脫門」전문

　도대체 우리는 무엇을 위해 이토록 모든 것을 가중하게 하고 이 토록 바쁘게 움직이고 있는 건지, 물질적 풍요는 왜 우리의 마음까지 풍요롭게 하지는 못하는지를 생각하게 된다.
　여기서 선은 나는 무엇인가를 알려주고 이것을 통해서 인간은 참다운 자기를 바로 보며 살아가려고 한다.
　그러므로 참선수행은 무엇이 인간의 참된 삶이냐를 문제 삼으며 자기의 주관을 찾아 활발하게 살아가도록 하는 수행법이다.
　여기서 수행자는 검소한 가운데서 안빈낙도를 찾고 절대로 사치를 구하지 않음이다. 그러나 몸과 마음이 불편할 정도로 아예 갖추지 않는 것도 선 수행을 방해함이니 따라서 최소한의 옷가지와 음식물을 갖추는 것이 바람직함이다.
　특히 가정생활을 하는 재가자의 경우는 가족을 부양하는 책무가 있으므로 부득이 여러 가지 소유물들이 생기겠지만 검소함을 잃지 말아야 하는 마음가짐이 중요하다. 여러 가지 일을 하지 않는 것을 한적함이라 하고 산란하고 시끄러움을 멀리 피하는 것을 조용함이라 한다.

> 만유萬有의 존재는
> 본래 무형무상無形無象한데
> 육신의 오온五蘊으로
> 보고 듣고 맡고
> 맛보 생각하여야
> 실체를 깨달을 수 있나니
> 큰 지혜의 얻음이
> 세상의 모든 것들로부터
> 마음에 걸리지 않게 함을
> 놓지 말아야 할 것이네
>
> —「지혜의 오온」 전문

또한 마음속에 일 없는 것을 한적함이라 하고 마음속에 시끄러움이 없는 것을 조용함이라 한다. 이러한 연유는 몸과 마음이 한적하고 조용해야 곧 선을 닦을 수 있다. 모든 인연 있는 일은 쉬는 것이다. 작위적인 모든 사업을 하지 않고 세속적인 모든 사업을 하지 않고 세속적인 왕래를 쫓거나 찾지 않는다. 방술과 재주를 익히지 않고 학문과 강론을 숭상하지 않는다.

오로지 마음을 오롯이 하여 오직 선을 닦을 뿐이다.

몸과 마음에 일이 많으면 선 수행을 할 수 없다. 그러므로 수행인은 세속을 멀리하고 주변을 정리하고 생활을 단조롭게 하는 것이다.

즉 일을 할 때는 일에만 집중하고 쉴 때는 몸과 마음을 확실히 쉬며 사교 모임은 줄이는 것이다.

외도의 경전이나 외전을 멀리하는 것은 물론이며 지식을 좇아 거기에 시간을 너무 많이 빼앗기지 말아야 할 것이다.

이 법은 언어가 끊어지고 마음의 행처가 멸한 곳에 선이 이루어지기 때문이다.

세간의 모양, 소리, 냄새, 맛, 촉감 등은 범부의 마음에 애착과 탐욕을 생기게 하여 온갖 악업을 짓게 하므로 수행자는 항상 이를 경계해야 한다.

일체 중생은 항상 다섯 가지 욕망으로 괴로워하면서도 오히려 그것을 구하기를 그치지 않는다.

이 다섯 가지 욕망은 얻을수록 점점 심해지니 마치 불에 땔나무를 더해주는 것과 같다. 오욕은 이익이 없으니 개가 말라 빠진 뼈를 씹는 것과 같고 오욕은 다툼을 늘이니 새들이 고기를 서로 차지하려고 다투는 것과 같으며 오욕은 사람을 태우니 역풍에 횃불을 잡은 것과 같다.

또 오욕은 사람을 해치니 모진 뱀을 밟은 것과 오욕은 알맹이가 없으니 꿈에서 얻은 것과 같으며 오욕은 오래가지 않으니 잠시 빌린 것과 같다.

> 설법說法을 듣기만 해서 뭐하나
> 경전을 읽기만 해서 뭐하나
> 듣고 읽은 불법佛法을
> 자나 깨나 생각하고
> 수행하고 실천해야
> 머뭇거리지도 않아
> 앞으로 나아가고 나아가나니
> 이것이 바로
> 해탈하고 열반하여
> 성불에 이르는 길이라네
>
> - 「로路」 전문

어리석은 저 중생은 항상 오욕의 부림을 당하므로 오욕의 노예라 부르기도 한다. 이 욕망에 무릎 꿇어 삼악도에 떨어지게 되면 영영 벗어날 기약이 없으니 어찌 슬프다 하지 않으리요. 마땅히 서둘러 이것을 멀리하고 경계함이 올바르다 함이다.

돌아다니는 것을 좋아하고 유희에 빠지는 것을 들뜸이라 하고 노래하고 즐기고 시비 가리는 것을 좋아하며 이익 없는 담론을 장황하게 설하는 것을 입의 들뜸이라 한다.

정서가 방일하고 제멋대로 상상하여 세간의 문장과 재주를 연구하며 온갖 나쁜 생각과 관찰로 사유함이 그치지 않는 것을 마음의 들뜸이라 한다.

이럴 때에는 정신을 집중할 수가 없다.

비유한다면 여기 통 속에 물이 있는데 바람이 일으켜 파문이 인다면 정상적인 시력을 가진 사람이라도 거기 비친 자기 얼굴을 제대로 알아볼 수 없으리라. 마찬가지로 어떤 사람의 마음이 들뜸과 희환에서 벗어날 길을 제대로 알아 볼 수 없으니 이리하여 그는 자신의 행복도 남의 행복도 올바로 이해하지 못한다.

몸을 조화롭게 함이란 몸을 편안하고 고요히 유지하는 것이다.

선정에 들지 않을 때라도 걷거나 머물거나 나아가거나 멈출 때를 자세히 살펴야 한다. 만일 하는 일이 거칠면 호흡도 자연히 거칠게 되고 호흡이 거칠게 되면 마음이 산란하여 단속하기 어려워서 좌선할 때에 이르러서도 편안하지 못하다.

항상 몸과 마음이 호흡을 조화롭게 해야 한다. 좌선을 하려면 반가부좌나 결가부좌를 하고 허리띠를 느슨하게 한다. 참선은 원래 좌선만을 이야기하지 않으며 일상생활 그 자체가 참선이 되어야 한다.

불교는
달마가 설한 마음으로 전하는 가르침이 아니라

큰 스님들에게서 듣는 가르침이 아니라
논사들이 역설하는 대승의 가르침이 아니라
불교는
문자 그대로 부처님의 가르침이라
제악막작諸惡莫作*하고 제선봉행諸善奉行*하면
스스로 자정기의自淨其意*해서
어둠 속에 숨어 있던
참나를 볼 수 있다네

*제악막작(諸惡莫作) - 모든 악행을 저지르지 않는다
*제선봉행(諸善奉行) - 모든 선을 받들어 행한다
*자정기의(自淨其意) - 스스로 그 마음을 깨끗이 하다

– 「행行」 전문

좌선은 그 자체로 훌륭한 수행법이면서 동시에 일상생활의 참선수행법에 큰 도움이 되기도 한다. 좌선은 참선수행자가 불가에서는 필히 배워야 할 기본 과정이다.

좌선할 때에는 우선 두꺼운 방석을 준비하고 앉는다. 가부좌는 먼저 오른쪽 발을 왼쪽 무릎 위에 겹친다. 그리고 왼쪽 발을 오른쪽 무릎 위에 포개는 것이다. 이것이 결가부좌이다.

반가부좌는 다만 왼발을 오른쪽 무릎 위에 놓는 것이다. 그 다음에 바른 손을 발목 위에 놓고 왼손을 바른 손바닥 위에 겹치며 양쪽 엄지손가락 끝을 서로 둥글게 맞댄다.

이것이 대삼마여인 또는 법계정인이라 한다.

깨쳤다는 것은
권력을 갖음을
깨쳤다는 것이 아니라
재물을 얻음을
깨쳤다는 것이 아니라
중생은 본래 부처라는 것을
깨쳤다는 것이니라
본래 부처라는 것은
중생이 변하여
부처가된 것이 아니라
억천만 무량아승지겁 전부터
본래 성불해 있다는 것이니
나
부처가 아니고
그 무엇이겠는가

-「각覺」전문

그 다음에 허리를 반듯이 수직으로 세운다.
이때에 몸을 전후, 좌우로 약간 움직여서 허리를 자연스럽게 세워 몸이 기울거나 앞으로 굽거나 뒤로 제쳐지지 않도록 한다.
특히 어깨나 목, 등, 몸에 힘을 주지 말고 자연스런 자세를 취해야 한다. 턱은 당기고 눈은 자연스럽게 아래로 떨군다. 귀와 어깨가 수직이 되도록 반듯이 한다. 혀는 입천장에 대고 입을 가볍게 다문다. 혀를 입천장에 대는 것은 침이 입안에 고이지 않게 하기 위한 것이다. 결가부좌나 반가부좌가 익숙할 때까지 다리가 자주 아프고 저릴 것이다. 그럴 때는 다리를 바꿔가며 앉도록 한다. 그러나 바꾸고 싶은 충동을 느끼는, 즉시 바꾸는 것은 좋지 않다.

먼저 왜 자세를 바꾸려고 하는지 알아 보라. 육체적 피로 때문인지 정신적 불안정 때문인지를 몸이 고통스럽게 여기는 부분을 주목해 보라. 정직하고 면밀하게 관찰하는 법을 배워라. 수행정진은 마음의 문제인지 육체의 문제가 아니다. 공부가 순숙해지면 어느 듯 몸이 있는 줄 모르는 경지에 이르게 된다. 시선은 여기저기를 두리번 정신이 산만해서 좌선을 할 수 없게 된다. 이렇게 집중이 안될 때에는 시선을 고정시키기 위해 벽에다 작은 점이나 원을 표시해 놓고 거기에 시선을 고정시키는 것이 도움이 된다.

초심자는 눈을 감는 것이 더 집중이 잘 된다. 그러나 눈을 감고 하면 어느덧 혼침이 떨어지기 쉽게 때문에 주의하지 않으면 안된다. 특히 오후나 새벽 좌선시에 눈을 감는다는 것은 잠을 청하는 것과 같다. 그러므로 좌선 중 수면에 시달릴 때는 눈을 크게 뜨도록 하는 것이 좋다. 좌선시 몸이 피로하고 졸음이 심해 정신이 집중되지 않으면 수시 포행을 하는 것이 좋다. 보통 선원에서는 50분 좌선하고 5분 내지 10분간 선방 내를 포행하는 것이 관례이지만 포행시간은 좀 더 늘려도 좋다.

> 나를 버린다는 것은
> 나라는 작은 존재를 버려
> 더 크고 소중한 것을 얻고자 함이라
> 내가 나를 버리면
> 가진 것 없는
> 무소유無所有가 되어
> 마음의 눈을 뜨고
> 지혜를 얻어
> 일체 중생을 품을 수 있으니
> 내 어찌 나를 아니 버리겠는가
>
> — 「방하착放下着」전문

    포행할 때는 금강권을 하고 두 손을 자연스럽게 드리우고 서서히 걷는 것이다. 이때에 좌우를 쳐다보지 말아야 한다. 포행은 바로 행선이다. 앉았을 때와 같은 마음이 흐트러지지 않아야 된다. 포행은 피로가 풀리고 맑은 정신이 돌며 몸에 활기를 준다.
    따라서 좌선과 행선을 적절히 섞어서 수행하면 좋다. 혼자서 하는 산책은 마음을 차분하게 하고 사유를 깊게 해주며 내면을 들여다 보는 좋은 수행법이다. 한 나무 밑에 앉아 몸을 바르게 잡고 결가부좌 하였다. 다른 생각이 없이 마음을 코 끝에 두고 긴 숨이 나가면 길다고 알고 들어오는 숨이 길면 또한 숨이 길다고 알고, 나가는 숨이 짧으면 또한 숨이 짧다고 알고, 나가는 숨이 차면 또한 숨이 차다는 것을 알고, 나가는 숨이 따뜻하면 숨이 따뜻하다는 것을 알았다. 때로는 숨이 있으면 있다고 안다. 때로는 숨이 없으면 또한 없다고 안다.

만약 숨이 마음으로부터 나가면 또한 마음으로부터 나간다고 알고 만약 숨이 마음으로부터 들어오면 또한 마음으로부터 들어온다고 알았다.

이때에 마음은 이와 같이 사유하고 욕심이 곧 해탈을 얻어 다시 약함이 없으며 깨닫고 관찰함에 기쁨과 평안함을 얻는 초선에서 놀며 깨닫고 관찰함에 스스로 기뻐하며 일심으로 깨달음이 없고 관찰함이 없는 삼매의 기쁨인 이선에서 놀며 다시 기쁨조차 없고 오로지 몸의 즐거움을 알고 성현의 가호를 구하는 것으로 기뻐하는 삼선에서 놀며 저 고락의 길이 멸하여 다시 근심이 없고 고가 없고 낙이 없고 생각이 청정한 사선에서 놀아 삼매 속에서 마음이 청정하여 더러움이 없다. 이와 같이 마음 정립을 할 것이다.

> 육신의 눈으로 보면
> 세상천지가 광명인데
> 육신의 눈을 감으면
> 세상천지가 암흑이네

마음의 눈으로 보면
세상천지가 불국정토이고
세상천지가 부처인데
마음의 눈을 감으면
세상천지가 사바세계이고
세상천지가 중생이나니
나 어느 순간에
마음의 눈을 떠
일초직입여래지一超直入如來地하려나
달빛이 없는 밤에 산을 오르는
남승의 밤길은 멀기만 하여라

*일초직입여래지(一超直入如來地) - 단번에 곧바로 여래(부처)의 자리(깨달음)에 들다.

ㅡ「야행夜行」전문

선승禪僧의 여섯 가지 기본 성격

대승불교의 차원에서 본 우리나라의 불교는 중국의 당나라와 교역을 하면서 번창하여 왔다. 모든 경전 또한 중국으로부터 흘러 들어 왔다. 예를 들면 금강경만 보더라도 금강경은 오가해라는 다섯 사람의 해설집이 나온다.

당나라 규봉종밀선사 금강경소론찬요, 당나라 육조혜능선사 금강경구결, 양나라 쌍림부대사 금강경제강송, 송나라 야부도천선사 금강경착어송, 송나라 예장종경선사 금강경제강 등 이렇듯이 당·송대 시대와 신라 삼국 시대를 들추어 볼 수 있다.

이 시대의

1) 선승들은 명확한 전기를 꽤하는 사람들이 태반이다.

그들은 생년몰 즉 태생과 죽음의 시 출생지의 기록이 없고 어디서 와서 어디로 갔는지 조차 분명하지 않음에도 불구하고, 그 실존을 의심할 수 없는 사람들이다.

거의 다 비승 비속의 체질이다. 그러므로 후대에 이를수록 수도 헤아릴 수 없이 새로운 전기를 낳아 문학자들로 하여금 창작 의욕을 자극하는 이유가 되기도 한다.

2) 체제비판, 선승의 기질은 항상 이단 측에 선다.

그것은 정통파의 형체화를 한없이 비판하는 에너지의 원천이다. 스스로 전통을 형성하는 것은 이미 창조력을 잃었을 때다.

선승은 항상 지계, 선정, 강학 등이라고 하는 것에 전통체제 밖에서 깨달음으로 조율을 하는 특성이 있다.

3) 선승은 떠돌이 운수행각자로서 어디까지나 통속불교에 철하고 있다. 그들의 교양은 업과 윤회와 해탈이라고 하는 단순 교리 이상으로 나오지 않으나 인간 최후의 좌座가 거기에 있는 것을 투시하고 있다. 그러므로 앉아서 죽고 서서 죽는 자재로움이 있어 저변의 민중과 달리하는 이유가 여기 있다.

4) 모두가 하나같이 시인이다. 선승들은 모두 불가사의하게도 여러 사람의 기억에 시를 남기고 있다. 예를 들면 나옹선사의

    청산은 나를 보고 말없이 살라하고
    창공은 나를 보고 티 없이 살라하네
    탐욕도 벗어 놓고 성냄도 벗어 놓고
    물같이 바람같이 살다가 가라하네

즉, 깨달음의 동체대비 사상에 따른 오도송이 그 공감을 일으키는데 중요한 역할을 한 것 같다.

5) 선승은 강렬한 개성이 왕성하고 주체적인 활동성을 본 생명으로 삼고 있다. 선승 모두가 철저하게 자아의식이 강하므로 제자는 자라나지 않는다. 일대만이다. 법통은 생길 수 없는 것이다. 원래 선사상의 일반이라고 하는 것은 어디에도 존재하지 않는다. 이는 중국불교의 선승들은 행적이 거의 그렇다.

존재하는 것은 존재하는 것은 개개인의 인물 선이다.

달마의 선이고 혜능의 선이고 마조의 선일 뿐이다. 다시 말한다면 달마스님은 달마스님답게 살다 갔으며 혜능스님은 혜능스님답게 살다 갔을 뿐이다.

6) 선승은 모두 한량없는 낙천가요, 유희삼매의 명랑성의 그림자조차 남기지 않는 경묘함이 매력을 더한다.

유모어와 주락의 뒷맛을 남기지 않는 가가대소의 예를 들면 낙산 스님이 밤중에 산꼭대기에 올라가서 달을 보고 웃으니 40리 사방의 주민이 웃었다고 한다.

여기서 만물과 일체사생육류가 모두가 동포라는 대자비가 작용한다.

   삼업 三業*을 좋게 다스려
   선업善業을 지으면

천상에 태어나고

삼업을 나쁘게 다스려

악업惡業을 지으면

지옥에 태어나지만

아무리 선업을 많이 지어도

작은 악업이 남아 있으면

다시 인간으로 태어나

악업의 과보를 받나니

지나 온 삶을 반추해보면

선업만 크게 보이고

악업은 보이질 않으니

참 나를 찾아가는 길이

멀고도 멀기만 하누나

*삼업三業 - 불교의 기본교리로서, 몸과 말과 생각으로 짓는 세 가지 행위를 말하는데 몸으로 짓는 것은 신업身業, 말로 짓는 것은 구업口業, 생각으로 짓는 것은 의업意業이라고 한다. 이 삼업은 다시 그 행위의 좋고 나쁨에 따라 선업善業과 악업惡業, 선에도 악에도 속하지 않는 무기업無記業으로 구별되는데 불교의 가르침은 이와 같은 삼업을 올바르게 단속하는 것을 기본으로 삼고 있다.

— 「참 나를 찾아가는 길」 전문

    그러나 어디까지나 시원하게 탁 트이고 있어서 자비라든가 사랑이라든가 하는 일말은 있을 수 없다.
    이것이 선사상인 까닭일 것이다.

경허스님과 참선곡

경허큰스님은 1849년 전라북도 전주에서 태어나 9세에 청계사 계허스님 아래에서 출가했으며 14세에 계허스님의 천거로 지금의 대전 동학사에서 만화스님을 모시고 각종 불교 경전을 섭렵한 끝에 23세 되던 해 동학사 강원에서 강사로 학인들을 지도하게 되었다.

31세 때 천안 천장사로 상경하던 중 천안 부근에서 악성 전염병으로 시신이 널려 있는 참상을 보고 발심하여 동학사 강원을 철폐하고 용맹정진에 들어 갔는데 한 사미승이 전한 "소가 되어도 고삐를 뚫을 구멍이 없다."는 무비공無鼻孔이라고 하는 한마디에 확철대오 하였다.

1881년 33세 되던 해 연암산 천장암 토굴에서 누더기 옷 한 벌로 지내며 보임을 하던 중 어느 날 크게 깨달아 오도송을 읊었다.

오늘날 선객이라 이름 하는 이들 중에 그의 문손이거나 직간접적으로 영향을 받지 않은 이가 과연 몇이나 될 것인가?

비유하건대 북극성이 제자리에 머물러 있으면 뭇 중생들이 그에게 향하는 것과 같은 것이다.

선사께서는 선의 생활화와 실천을 통해 일대 혁명을 이루었고 불조의 경지를 현실에서 몸소 구현하였던 대성자이자 근세 한국불교의 중흥조이셨다.

그에겐 행주좌와 어묵동정 일체 처 일체시가 모두 선 아님이 없는 출격대장부이셨으니 가히 한국의 마조스님이라 할 수 있을 것이다.

> 밤잠을 설치게 하던 물소리도
> 염불을 방해하던 새 소리도
> 깨치고 나니 부처님의
> 무언의 법문일세
> 법계法界의 모든 것이
> 부처 아닌 것이 없는데
> 이를 깨닫지 못한 중생에게는
> 세상이 지옥이겠지만
> 이를 깨달은 중생에게는
> 세상이 극락이로세
>
> — 「지옥과 극락」 전문

큰 스님의 행적 중 많은 오도송과 법문이 있으나 근자에 많이 회자 되고 있는 경허스님의 참선곡이 무분별한 언어 어휘 등으로 불자들로 하여금 많은 혼란을 초래하고 있는 터라 그 의심을 풀고 뜻을 해석하고 음률을 이해하는데 도움이 되고자 한다.

홀연히	생각하니	도시몽중	꿈이로다.
천만고	영웅호걸	북망산에	무덤이요
부귀문장	쓸데없다	황천객을	면할 소냐.
오호라	나의 몸이	풀끝에	이슬이요
바람 속에	등불이라	삼계 대사	부처님이
정령이	이르시대	마음 깨쳐	성불하여
생사윤회	영단하고	불생불멸	저 국토에
상락아정	무위 도를	사람마다	다 할 줄로
팔만장교	유전이라	사람 되어	못 닦으면
다시 공부	어려우니	나도 어서	닦아보세
닦는 길을	말하려면	허다히	많긴마는
대강 추려	적어보세	앉고서고	보고 듣고
착의 끽반	대인 접화	일체 처	일체 시에
소소영영	지각하는	이것이	무엇인고
몸뚱이는	송장이요	번뇌망상	본 공하고
천진면목	나의 부처	보고 듣고	앉고 눕고
잠도 자고	일도 하고	눈 한번	깜짝 할세
천리만리	다녀오고	허다한	신통묘용
분명한	나의 마음	어떻게	생겼는고

의심하고	의심하되	고양이가	쥐 잡듯이
주린 사람	밥 찾듯이	목마를 때	물 찾듯이
육칠십	늙은 과부	외자식을	잃은 후에
자식생각	간절하듯	생각생각	잊지 말고
깊이 공부	하여가되	일념만년	되게 하여
폐침망찬	할 지경에	대오하기	가깝도다
홀연히	깨달으면	본래생긴	나의 부처
천진면목	절묘하다		

아미타불	이 아니면	석가여래	이 아닌가
젊도 않고	늙도 않고	크도 않고	적도 않고
본래생긴	자기영광	개천개지	이러하고
열반진락	가이없다	지옥천당	본공하고
생사윤회	본래 없다	선지식을	찾아서
요연히	인가마저	다시의심	없앤 후에
세상만사	망각하고	수연방광	지내 가되
빈 배같이	떠돌면서	유연중생	제도하면
보불은덕	이 아닌가	일체계행	지켜 가며
천상인간	복수하고	대 원력을	발하여서
항수불학	생각하고	동체대비	마음먹어
빈병걸인	괄세 말고	오온색신	생각하되
거품같이	관을 하고	바깥으로	역순경계
몽중으로	관찰하여	해태심을	내지 말고
허령한	나의 마음	허공과	같은 줄로

진실히
부동한
헛튼소리
늙은 줄을
죽을 제
사지백절
오장육부
한심참혹
저 지옥과
백천만겁
참선 잘한
앓도 않고
마음대로
임의쾌락
눈코를
오늘내일
푸줏간에
예전사람
송곳으로
예전사람
다리 뻗고
무명업식
오호라
꾸짖어도

생각하여
이 마음을
우스개로
망각하니
고통 중에
오려내고
타는 중에
내 노릇이
저 축생의
차타하여
저 도인은
선세하며
자재하며
소요하니
쥐어뜯고
가는 깃이
가는 소가
참선할 제
찔렀거늘
참선할 제
울었거늘
독한 술에
슬프도다
조심 않고

팔풍오욕
태산같이
이날저날
무슨 공부
후회한들
머릿골을
앞길이
이럴 줄을
나의 신세
다신인신
서서죽고
오래 살고
항하사수
아무쪼록
부지런히
죽을 날에
자욱자욱
잠 오는 것
나는 어이
하루해가
나는 어이
혼혼불각
타일러도
심상히

일체경계
씨나가세
헛보내고
하여볼까
무엇하리
쪼개낸 듯
캄캄하니
누가 알꼬
참혹하다
망연하다
앉아 죽고
곧 죽기를
신통묘용
이 세상에
하여보세
당도하니
사지로세
성화하여
방일하며
가게 되면
방일한고
지내다니
아니 듣고
지나가니

혼미한　이마음을　어이하여　인도할꼬
쓸데없는　탐심진심　공연히　　일으키고
쓸데없는　허다 분별　날마다　　분요하니
우습도다　나의 지혜　누구를　　한탄할꼬
지각없는　저 나비가　불빛을　　탐하여서
제 죽을 줄　모르도다　내 마음을　못 닦으면
여간계행　소분복덕　도무지　　허사로세
오호라　　한심하다　이 글을　　자세히 보아
하루도　　열두 때며　밤으로도　조금 자고
부지런히　공부하소　이 노래를　깊이 믿어
책상위에　펼쳐놓고　시시때때　경책하소
할말을　　다하려면　해묵서이　부진이라
이만 적고　그치오니　부디부디　깊이 아소
다시 할말　있사오니　돌장승이　아니라면
그때 다시　말할 테요.

　　　　　　　　　　　　-「경허스님과 참선곡」

　스님은 보임을 끝내고 입었던 옷을 태웠다. 머리는 하얗게 변하였다. 그것은 이가 뒤덮어서 옷한벌로 1년을 보내었으니 수백 수천의 불자들이 구름같이 모여 들었다.
　생불生佛 산 부처님의 모습과 한마디 법어를 듣기 위해서 하지만 스님은 3일간 목침을 베고 술을 마시고 잠자고 있을뿐 밖에 모인 사람들을 일체 신경쓰지 아니했다.

  답답하여 스님의 어머니께 부탁했다. 그러니 스님의 어머님은 스님께 스님! 스님의 법문을 듣고자 야단들인데 법문을 해달라했다. 그러자 스님은 그들의 소원이요 어머님의 소원인가요 하고 묻자

  "예 스님, 나의 소원이요" 한다. 어머님 소원이라면 해야지요 하고 자리에서 일어나셨다.

  구름떼 같은 인파들이 법당으로 모여 들었다. 법상에 오르시어 스님은 어머님이 맨 앞에 앉아 달라하셨다. 그 당시만 해도 유교사상에 여자들이 앞으로 나서는 일이 없었지만 스님의 어머님은 맨 앞으로 앉으셨다.

  법상에 오르신 스님은 주장자를 세번치시고 내려 오셨다. 그리고 스님의 어머니 앞으로 가서 갑자기 자신의 바지를 벗었다. 갑자기 일어난 사실이니 여자 분들은 눈을 가리고 모두 밖으로 뛰쳐 나갔다. 그래도 스님은 바지를 내리시고 어머님 아들 많이 컸지요 하신다. 모두 법당으로 뛰쳐나가자 다시 법상으로 올라오시어 주장자 세번치시고 그토록 그리워 하던 나의 어머님은 어디로 가셨고 이세상에는 한 여자만 남았구나 하시며 주장자 세번 치시고 법상에서 내려 오셨다. 스님의 깨달음 후 첫 법문이였다. 얼마나 의미 깊은 법문인가.

나옹스님과 청산곡

　나는 산과 강을 무척이나 좋아한다. 자연에서 살다 자연으로 이 사대육신을 흩어 버리고 한 생을 마감할 우리네 인생이어서 그런지는 몰라도 산과 강을 좋아한다.
　어쨌든 산새가 중국 절강성이나 하남성, 운남성과 같이 묏부리가 솟은 산에 소나무가 자라고 기암 절벽 사이로 달이 높이 떠 있고 그 사이로 강물이 흐른다고 생각하니 가히 얼마나 아름답고 정겨운가! 산 밑으로 맑은 물이 흐르고 드넓게 초원이 펼쳐져 있어 오곡과 백과가 자라나 가을이면 풍요로움이 있고 노력한 만큼 수확의 기쁨을 만끽하며 자연의 순리에 순응하면서 산다는 것이 얼마나 아름다운 미덕이 아닌가! 대자연의 상스러운 기운을 만끽하며 봄이면 꽃피우고 벌나비 찾아들고 산새도 울고 구름이 흐르고 하는 곳에 상쾌한 아침을 열며 연하미정의 맛을 느끼며 산다는 것은 인간이 자연의 순리에 따르며 부응하는 것이 아니겠는가?

 그래서 나는 낙동강물이 흐르고 물안개가 피어나고 구진산봉에 붉은 해가 바위너설에 뚝 떨어지는 장관에 묻혀 산다. 거기다 내 초당 뜰에는 무척 아끼는 물건들이 있다. 겨울에도 피는 꽃들이다. 따사한 강 언덕에 청아한 비 새지 않는 집을 지어 세상사 근심 밖을 살며 인간사 물욕을 잠재우고 칠정을 풀어 놓고서 세정 밖을 초연하게 살고자 함이다.

구진산 은빛달이
초당 뜰에 스며들어
아름드리 느티나무 그림자가
문창살에 흘렀구나.

가난한
나의 진실에
벗이 되려 함이다.

문창에 늙은 매화나무
초연한 모습일레

붓 들고 너를 그려
맑은 넋에 젖뜨리면
한 잔의 설록차에도

청빈한 삶을 권해 올 듯……

초옥에 구름자락 노닐다 가게하고
봄이면 매화꽃이 뜰을 덮는다.
대숲이 바람에 출렁거린다.
달밤이면 달이 매화나무가지 사이로 얼굴을 내민다.
산승과 정분을 나눈다.
매화에서 맑은 바람이 인다.
그 여심 따라
내 마을 비우게 된다.
그저 초연히 말이다.

청송이
품은 뜻을
산승이 어찌 알랴

높은 산
흰 구름
한가로운 여운뿐인데

발아래
바람소리

이 경계를 어찌 넘나들꼬?

청산은
예나 지금
변함이 없고

강물은 흘러가며
유수를 노래하는데

왜 하필
서쪽이 극락세계이랴
마음속 둥근 달은 뜨고 지는데……

어디서
왔다가
어디로 갈 것인가

생각의
언저리엔
공허한 눈물뿐인데
필경에
머물 한 자락
마음 비워 십방으로 돌아가리라

이렇듯이 자연의 무위 속에서 인연 따라 살다갈 것이다.

소납의
초당 뜰 앞엔
농수로가 흐르고

해 저문
서산 가에
저녁놀이 물들면

누군가
청산별곡을
무심조로 읊는다.

그렇다.
나옹화상의 청산별곡(일면 토굴가)가 생각난다.
조용히 읊조려 본다.

청산림	깊은골에	일간토굴	지어놓고
송문을	반개하고	석경에	배회하니
녹양춘	삼월하에	춘풍이	건듯불어
정전에	백종화는	처처에	피었는데

풍경도	좋거니와	물색이	더욱좋다
그중에	무슨일이	세상에	초귀한고
일편무위	진묘향을	옥로중에	꽂아두고
적적한	명창하에	묵묵히	홀로앉아
십년을	한결같이	일대사를	궁구하니
종전에	모르던일	금일에야	알았구나
일단고명	심지월은	만고에	밝았는데
무명장야	업파랑에	길못찾아	다녔구나
영축산	제불보살	처처에	모였는데
소림굴	조사가풍	어찌멀리	찾을손가
청풍은	쓸쓸하고	명월은	교교한데
두견이	홀로우니	이 무슨	경계인가
청산은	묵묵하고	녹수는	잔잔한데
백운이	유유하니	이 무슨	경계인가
일리제평	나툰중에	활계좋아	구족하다
천봉만학	푸른송엽	발우안에	담아놓고
백번천번	기운누비	두어깨에	걸쳤으니
의식이	담박하여	세욕인들	있을손가
욕정이	무심커니	인아사상	쓸데없다
법성산이	높고높아	일몰도	없는중에
물아가	뚜렷하니	법계일상	나투었다

교교한	야월하에	원각산중	선듯올라
무공저를	비껴물고	몰현금을	높이타니
무위자성	진실락이	이 중에	갖췄더라
석호는	무영하고	송풍은	화답할제
무착령	올라서서	불지촌을	굽어보니
각수에	우담화는	만개하더라.	

 나옹화상은 무위자연 속에서 살다가 가신 분이다. 화상의 어록을 보면 스님의 본명은 혜근이다. 호는 나옹이며 1320~1376년대 사람으로 성은 아デ씨이다. 영해부 사람으로 연우 경신년 정월 보름 태생으로 용모가 빼어나게 훌륭했었다 한다.
 스무 살 때 친구의 죽음을 보고 출가하게 되었고 문학적 선시사상으로 보면 당대에 그 누구도 따를 자가 없었다. 출가 초년에는 여주 신륵사에 머물면서 강을 무척이나 사랑한 나머지 강월헌이란 당호를 쓰면서 많은 선시를 남겼는데 이때에 그는 물에 비친 달을 무척이나 사랑하였고 그 기상이 너무나 맑아 요즘 많이 회자되는 청산은 나를 보고라는 선시가 나오게 된 배경이 아닌가 싶다. 다시금 회자해서 감상해 보기로 하자.

 청산은 나를 보고 말없이 살라하고
 창공은 나를 보고 티없이 살라하네

탐욕도 벗어놓고 성냄도 벗어놓고
물같이 바람같이 살다가 가라하네

이 얼마나 멋진 선시가 아니던가? 그의 마음에서 나온 내면의 선율이 아니던가? 깊은 산 속의 대자연 속에서 맑고 밝은 경지에서 한 삶을 노래한 것이 아니던가?

나 또한 자연의 무위 속에서 그렇게 인연 따라 살다 가리다.

부처님과	보살님께	지성으로	원하노니
눈어두운	이중생이	태어나는	세상마다
바른법을	깨눈지혜	언제라도	불변함이
덕높으신	석가세존	용맹지혜	거룩하듯
원만하신	노사나불	온우주에	두루하듯
본래부동	문수보살	변함없이	슬기롭듯
만행무궁	보현보살	중생따라	움직이듯
원력세운	지장보살	지옥중생	보살피듯
대자대비	관음보살	근기따라	변신하듯
우주만상	두루살펴	이곳저곳	변화하여
고통바다	중생들께	깨눈마음	얼게하며
내이름을	듣는중생	윤회고통	벗겨지고
나의모습	보는중생	해탈진미	얼게하리
이와같이	교화하여	오랜세월	지낸뒤에
모든중생	부처되어	평등하길	원세우니

불법믿는　천용팔부　신통기예　베풀어서
바로깨칠　이내몸을　때때마다　옹호하여
어려운곳　부딪쳐도　모든장애　제거시켜
앞에세운　큰서원을　성취도록　하사이다

- 「보제존자 나옹대화상 발원문」

선시 감상 무의자 진각국사 탐색과 깨달음

❶

　지금으로부터 십수 년 전에 긴 장마 때 나는 무의자無衣子 진각국사眞覺國師께서 쓰신 시집을 읽었다.
　당대의 고승이자 고려 무신 집권기의 불교계를 이끌었던 수선사修禪社로서 남긴 시집이기도 하다.
　시대적으로 보면 보조국사 나옹선사와 같은 덕망과 명륜을 함께한 시대적 인물이기도 하다.
　나는 이 시집을 읽고 선禪이란 무엇인가를 확실히 알게 되었다.
　선禪이란 부처님과 같은 마음의 내재율이고 교敎란 부처님 가르침이다 즉 팔만사천 큰 법문이다.
　여기서 진정한 오도송 즉 깨달음은 각자의 마음에서 나오는 것이기 때문에 더욱더 의미가 있다고 나는 말하고 싶다.

진각국사의 속명은 최식崔寔이요, 자字는 영을永乙, 휘諱는 혜심慧諶, 법호는 무의자無衣子로 전라남도 화순 출생이다.

성장기에 유학을 공부한 스님은 1201년에 사마시司馬試 합격하여 태학太學에 입학하게 된다. 바로 이 기간에 그는 유학을 바탕으로 하여 문학 창작을 수련하였다.

그러나 이듬해에 어머니를 잃게 되자 그는 마침내 벌러 왔던 출가를 결심하여 1202년 지금의 순천 송광사의 보조국사 지눌에게 허락을 얻는다. 그후 1205년 지눌은 "내가 이미 너를 얻었으니, 죽어도 한이 없으리라. 너는 마땅히 불법을 펴는 이를 스스로의 임무로 생각하고, 본래의 소원을 바꾸는 일이 없도록 하라."는 명을 받기까지 한다.

그가 법기法器 임을 알아본 격이다.

그 후 그는 주로 지리산 일대에서 선을 통한 수행에 정진하다가, 마침내 1210년 입적한 보조국사 지눌의 뒤를 이어 수선사 2대 사주가 된다. 그리고 1216년 왕명에 의해 대선사로 추대되고 이후로도 최우에게 금란가사를 하사받는 등 무신 정권의 비호를 받는다. 그러나 무의자는 여러 차례의 부름에도 끝내 도성 안에 발걸음을 하지 않고 무신 집권 세력과 일정한 거리를 두면서 오로지 저술과 선풍에만 힘을 기울여 왔다.

이 시기의 저술로 선문 염송집, 진각국사어록, 무의자 시집은 오늘에 전해진다.

그의 24년에 걸친 교화는 마침내 1234년 6월 26일 월등사에서 마감한다. 향년 57세요 법랍 32세이다.

"무의자 시집"은 그의 문학적 소양이 듬뿍 담긴 저작물이다. 그 스스로가 '유지불儒之佛' 이라고 칭하였을 만큼, 문학 창작은 그의 일생에 걸친 주된 관심사 가운데의 하나였던 것이다. 그런 연유에서 무의자 시집에 수록된 일련의 시들은 일반시인 시인의 작품으로 보아도 전혀 무리가 없을 정도로 개인의 정서가 스스럼없이 노래 되고 있다 승려의 붓끝에서 나온 작품으로 간주하기 어려울 만큼 보편적인 한 인간으로서의 진솔한 서정이 담겨 있는 시들이 너무나 가슴에 와 닿는다.

그렇지만 무의자는 어디까지나 속세의 사람과는 다른 길을 걷는 구도자이다. 따라서 구도의 일상에서 느꼈던 심회가 자연스럽게 시로 표출, 창작되어 '무의자 시집' 의 또 다른 한 부분을 차지하고 있는 것도 사실이다. 승려의 신분으로 수행과정에서 느낀 서정의 표출은 물론 일반 문사의 그것과 필시 다른 모습임은 분명하다.

바로 선취가 물씬 풍겨나는 일련의 시들이 그것이다.

이런 경향의 시작품이 우리 문학사에서 최초의 선시禪詩로 자리매김을 하는 것이다.

이제부터 그의 시를 두 가지 측면에서 감상하기로 하자.

먼저 하나는 그의 선시 작품을 통하여 수행의 방편으로 택하였던 화두를 읽을 수 있다. 그리고 또 한 가지는 승려이자 한 사람의 시인으로서의 스님의 인간적 체취와 다정 다감한 면모를 엿보고자 한다.

선시의 작가로만 무의자를 묶어 두기 보다는, 선시 작가 이전에 승려로서의 스님의 인간적이고 따뜻한 삶의 자세와 시인으로서 스님의 문학적 감수성과 잔잔히 흐르는 마음에 그 내재율을 감상하여 보자.

❷

무의자 스님께서 출가할 때 지었다고 하는 '외롭고 분해서 부르는 노래' 이다. 이 작품에서 우리는 스님의 출가를 하게 된 동기를 엿볼 수 있다.

> 사람이 천지간에 태어나면,
> 흰 해골에 아홉 구멍 누구나 똑같은 데
> 누구는 가난하고 누구는 부유하며 누구는 귀하고 누구는 천한데다.
> 누구는 예쁘고 누구는 추하니 이 무슨 연유인가?
> 일찍이 듣자하니 조물주는 본래 사심이 없다는데,
> 이제사 알겠도다. 그 말이 거짓말일 뿐임을······
> 호랑이는 발톱이 있으나 날개는 없고,
> 소란 놈은 뿔은 있으나 사나운 이빨이 없지.
> 그런데 모기는 등에는 무슨 등공이 있길래,

날개까지 있는데다 침마저 가졌는가?
학의 다리는 길지만 오리 다리는 짧으며,
새 다리는 두 개인데 짐승 다리는 넷이로다.
물고기는 물에서는 날쌔지만 뭍에서는 형편이 없고
수달은 물에서도 날래지만 뭍에서도 날래다네.
용, 뱀, 거북이, 학은 수천 년을 사는데,
하루살이 아침에 태어나서 저녁이면 죽는다네.
모두가 한 세상을 살거늘,
어찌하여 천 가지로 만 가지로 다르느뇨?
그런 줄도 모르면서 그러한가?
대개 누가 시켜서 그러는가?
위로는 하늘에 물어보고,
아래로는 땅에도 따져본다.
하늘과 땅 묵묵히 말 없음에
뉘와 함께 이 이치를 논해 보리.
가슴 속에 쌓여있는 이 울분,
해가 가고 달이 갈수록 골수를 녹이누나.
기나긴 밤 더디더디 어느 때나 새려는고?
자주자주 서창을 바라보며 울기를 그치잖네.

-「외롭고 분해서 부르는 노래」전문

 무의자 아닌 속인 최식의 시선에 비친 이 세상은 그야말로 차별과 불평등으로 가득 찬 혼돈의 세계를 읽을 수 있다.

인간의 삶의 양상 뿐만 아니다. 모든 동물들조차도 그 생김새가 천차만별이다. 각기 다른 이 생김새들로 인해 그들의 능력이나 수명마저 좌우지 되는 혼란스러운 세상이다. 현상계에 대한 일개 서생의 환멸은 울분을 일으키고 의심을 자아낸다.

그러나 속세의 어느 곳에서도 명쾌한 답을 찾을 수 없다. 이에 유문儒門을 박차고 불문佛門으로 귀의를 결심한다.

다음은 '하늘과 땅을 대신해서 답을 함'이란 이 시는 위 작품에 대한 회답의 형식이다. 창작 시기는 알 수 없지만, 아마도 출가하여 어느 정도 깨달음을 이룬 뒤에 지은 것으로 추정된다.

> 천 가지로 만 가지로 죄 다른 일들이란,
> 모두가 망상 따라 생겨나는 것이로다.
> 만에 하나 이 분별심을 벗어나면
> 무엇인들 다 같은 것 아니겠나?
>
> ―「하늘과 땅을 대신해서 답을 함」 전문

답은 인식의 문제이다.

삼라만상의 천차만별 현상은 그릇된 인식, 바로 망상에서 기인한다는 것이다. 다른 말로 분별심이다.

불가에서 말하는 분별심이란 미망迷妄의 소산所産으로 진여의 도리에 맞아 떨어지지 않는 마음이다. 따라서 진여眞如의 경지에 오르기 위해서는 알아야 할 인식 대상과의 대립을 초월하여 평등한

무분별지無分別智를 얻어야 한다는 것이다.

> 불법에 뜻을 두고 사모하와
> 찬 재 같은 마음으로 좌선을 배우나니.
> 공명이란 하나의 깨어질 시루이고
> 사업이란 목적을 달성하면 덧없는 것.
> 부귀도 그저 그렇고,
> 빈궁 또한 그런 것
> 내 장차 고향 마을 버리고,
> 소나무 아래에서 편안히 잠이나 자려네.
>
> —「출가할 때 집을 하직하며 지은 시」 전문

논의의 시점을 앞으로 돌려, 다시 출가를 결행하면서 지은 시를 소개한다. 자신의 미망과 의혹을 씻어 줄 곳은 불문이란다. 속세의 공명과 사업, 부귀와 빈궁은 모두 덧없는 그저 그런 것이다.

더 이상 분별심이 자라날 수 없도록 찬 재 같은 마음을 유지하면서 좌선을 마치면서 솔바람 속에서 편안히 잠이나 자고자 한다.

편안한 잠, 이는 모든 번뇌와 망상을 잊은 상태에서 드는 숙면이다. 비약한다면 진여의 세계에 드는 것이다. 그러기 위해서는 필히 찬 재 같은 마음 상태가 전개되어야 한다.

> 산들바람이 솔 소리를 불러오니,
> 쓸쓸하게 맑고 또한 애처롭다.

밝은 달은 심파에 떨어져,
해맑고도 깨끗이 먼지 하나 없구나.
보고 듣는 것이 너무나 상쾌하여,
시구를 읊조리며 혼자서 배회한다.
흥 다함에 고요히 앉아 보니
마음이 차갑기 죽은 재 같아라.

- 「연못가에서 우연히 읊음」 전문

    수행의 겨를에 못가로 나왔다. 맑고도 잔잔한 연못에 달 그림자가 비친다. 시구를 읊조리다 못가에 앉아 들여다보니 어느덧 마음이 차분하게 가라앉는다. 모든 감정마저 죽은 재처럼 고요하다. 모든 것을 있는 그대로 분별심 없이 비추는 연못에 자못 경건하고 숙연한 마음가짐이 되어 버린 것이다. 모든 것을 있는 그대로 반영하는 고요한 연못은 무분별지에 어긋남이 없다. 이처럼 무의자의 시에는 연못이 자주 소재로 등장한다.

차갑기가 얼음 녹는 물 마시듯,
빛나기가 새로 닦은 거울인 양,
다만 한 가지 맑은 맛을 가지고,
천차만별 그림자를 훌륭히도 비추누나.

- 「맑은 못」 전문

연못에 대한 무의자의 이미지는 여느 승려의 그것과 크게 다르지 않다.

깨끗한 거울의 의미로, 무차별의 담박함이요, 무분별지다. 무의자는 여기에 자신의 얼굴을 내밀고 비추어 본다.

> 못가에 홀로이 앉았다가,
> 못 아래서 우연히 중 하나를 만난다.
> 묵묵히 웃으며 서로를 바라보나니,
> 그대 말 걸어도 대답하지 않을 걸 나는 안다네.
>
> —「그림자를 마주하고」 전문

> 바람 자고 고요히 파도 일지 않으니,
> 삼라만상이 눈에 가득 비치누나,
> 많은 말이 무어 필요하랴?
> 바라만 보아도 뜻이 벌써 족한 걸.
>
> —「작은 연못」 전문

무의자가 수행의 틈틈이 연못가를 찾는 것은 다름이 아니다.

자신을 비추어 보고자 함이다. 즉, '나' 나는 무엇인가? 내 마음의 주재자라고 하는 '나'란 과연 어떤 존재인가를 비추어 보고자 함이다. 비록 겉모습만을 본다고 하더라도 그 외양을 통해 그 안에 담긴 '나'를 엿보고자 함이다. 물에 비친 또 다른 나에게 '너는 누구냐?' 하고 묻고 싶었던 것이다. 그러나 또 다른 '나'에게 '너'는 과연 어떤 존재라고 대답해 줄 리는 없다. 그러나 바라보기만 하여도 마음에 족하다.

말이 없는 이심전심의 경지이다.

연못에 비친 자신의 그림자에게 '너는 누구냐?' 하고 던지는 질문은 다시 무의자 자신의 내면에도 던져진다.

> 넓고도 큰데다 무의無衣 무상無常한 몸이라
> 선가禪家에선 본래인本來人이라 하지요.
> 다만 스스로 허명한 곳 잘도 비추니,
> 어찌 다른 데를 쫓아가서 고생스레 나루를 묻겠는가?
>
> — 「응률선사의 구법 시를 차운해서」 전문

불가에서는 '진정한 나를 찾는 일'이 바로 해탈이다.

그래서 '진정한 나를 본래인'이라고 한다.

본래인本來人이란? 본래면목本來面目의 다른 표현으로 깨달은 경지에서 볼 수 있는 모든 인간들이 가지고 있는 심성心性을 뜻한다. 다시 말하면, 조금도 인위가 더해지지 않은 자연 그대로의 심성을 뜻하는 것이다. 본래면목은 본지풍광本地風光, 주인공主人公, 무위진인無位眞人과 같은 말로 쓰이기도 한다.

진정한 나를 찾는 일은 다른 데에서 문진할 일이 아니다. 끊임없이 자아의 내부에서 우리의 참마음을 찾는 일로 귀결된다. 이 참마음을 찾는 일을 비유적으로 표현한 화두가 서암화상의 '주인공' 화두이다. 이 '주인공' 화두를 소재로 지은 시가 다음 작품이다.

주인공아! 예, 내 깨우침을 듣거라!
가장 좋은 것은 살생과, 도둑질, 음행을 굳게 없앰이라.
화탕지옥 도산지옥은 어느 누가 만들었나?
너의 잘못된 행실과 마음에서 생겼느니라.

주인공아! 예, 내 가르침을 듣거라!
도처에서 사람을 만나거든 모름지기 입조심하거라.
입이란 양화를 부르는 문으로 더욱 막을 일이니,
유마거사가 침묵한 취지에 참여하여 갖추어라.

주인공아! 예, 내 말을 들어라!
십악의 원수 같은 집안을 빨리 멀리 벗어나라.
악이란 제 마음에서 생겨나와 도리어 제 자신을 해치나니,
나무에 번성한 꽃과 열매가 도리어 가지를 부러뜨리니.

주인공아! 예, 내 얘기를 들어라!
아침저녁 부질없는 목숨 능히 얼마나 되던고.
어제를 허송하고 오늘도 그러하면
나서 오고 죽어 가는 그곳이 어디인가를 알겠는가?

주인공아! 예, 정신 바짝 차리거라!

열두 때를 항상 깨어 있으라.
원래부터 인간 몸은 세상에 근거가 전혀 없으니
꿈, 환상, 허공화를 잡아들려 하지 마라.
주인공아! 예, 너는 마음인가 부처인가?
부처도 아니요 마음도 아니요 물건 또한 아니로다.
필경에는 어떠한 이름으로 무엇이라 부르리까?
주인공이라 부르지만 일찌감치 틀렸도다. 쯧!

– 「법을 구함에 서암의 주인공 화두로 게송을 지음」 전문

서암의 주인공 화두란? 옛날 중국의 선승 서암화상이 매일 주인공을 스스로 부르고 다시 스스로 응낙하면서 깨어 있는 정신으로 나타나라는 말이다.

다른 때나 다른 날에 남에게 속임을 당하지 마라 그렇지, 그렇지 하고 자문자답하였다는 일화에서 나온 유명한 공안이다. 흔히 주인공은 진아眞我나 불성으로 풀이된다.

위 시는 모두 여섯 수로 이루어진 작품으로 조선불교통사에서는 이 시의 제목을 해양의 불교신자 십여 사람이 암자에 와서 법을 구하기에 서암의 '주인공' 화두를 들어 이에 일곱 가지 게를 설하였다라고 하였다.

전체적인 내용을 요약해 보면 다음과 같다.

첫 수에서는 선행을, 둘째 수에서는 말조심을, 셋째 수에는 10

악 죄에서의 탈피를, 넷째 수에는 허송세월하지 말 것을, 다섯째 수에서는 정신을 차리고 살 것을 강조하고 있다. 마지막 수에서는 '주인공'의 정체가 과연 무엇인가 의문을 던지고 있다. 마음도, 부처도, 물건도 아니라고 했다. '주인공'이라고 이름 지어 부르기는 하지만, 그 또한 무엇인지 모른다는 것이다.

무의자의 스승이었던 지눌스님은 '심즉불心卽佛' 이론을 바탕으로 한 돈오점수頓悟漸修의 선정 수행을 강조한 인물이다. 이런 사상적 기초 위에서 정혜결사定慧結社 운동을 일으켜 수선사를 세웠을 뿐만 아니라 그 법맥을 무의자에게 잇도록 하였던 것이다. 그런데, 왜 무의자는 '주인공'이 마음도 부처도 아니라고 했을까?

일찍이 '선禪'의 검객이라고 불리던 남전은 '길에서 검객을 만나면 검을 바치고 시인을 만나면 시를 바쳐라'라고 하였다. 이는 있는 그대로 보라는 뜻이다. 따라서 자문자답하는 나는 마음도 아니요, 부처도 아니다. 더더욱 물건도 아니다. 진작부터 주인공이라 불러왔지만 그것도 하나의 이름이지 '주인공'의 본질 자체는 아니다.

따라서 '주인공'의 본질에 접근하기 위해서는 있는 그대로의 '주인공' 자체를 우선으로 보아야 한다.

'미친 말'이라고 불릴 정도로 파격적인 선기를 내보였던 당나라의 선승 임제는 '부처를 만나면 부처를 죽이고, 조사를 만나면 조사를 죽이고, 나한을 만나면 나한을 죽이고, 부모를 만나면 부모 일지라도 죽여라'라는 유명한 해탈 법문을 남겼다.

아무것도 구애받지 않는 최상의 자유를 얻을 때 비로서 완전히 자유로운 인간, 곧 해탈의 경지에 이를 수 있다는 가르침이다. 따라서 무의자가 '주인공'을 부정한 것은 단순한 부정이 아닌 것이다.

첫째 수에서 다섯째 수에 이르기까지 가르침을 모두 실현하고 나서, '주인공' 자체를 있는 그대로 보고 난 뒤에 '주인공'이라는 임시 방편의 이름 곧 허상을 완전히 부정할 때 비로서 '주인공' 진아眞我, 불성佛性을 얻을 수 있다는 논리다.

다음 시 또한 '주인공'을 찾을 것을 선배에게 당부하는 시를 보자.

> 아상我相과 인상人相의 산 아래선 삼독三毒을 만나고
> 역경逆境과 순경巡境의 길에서는 팔풍八風을 만나지요
> 혹, 업고業苦가 어지러워 제지하기 어려우니
> 마땅히 자주자주 주인공을 부르시라.

온통 불가 용어로 이루어진 시이다.

같은 길을 가는 선배에게 주는 시이기 때문이리라.

삼독이나 팔풍, 삼도 이는 모두 인간 모두에게 내재되어 있는 불성을 해치는 욕망의 총칭이다.

이들을 극복하고 본연의 불성 본래면목을 회복하기 위해 부단한 노력 없이 '주인공'을 탐색해 나갈 것을 위 시에서는 당부하고 있다.

무의자 스스로가 연못의 잔잔한 수면 위에 너는 누구냐? 라고 질문하듯이 '주인공' 탐색 수행방법을 선배에게 제시하고 있는 것이다.

이런 당부는 앞의 두 시에서 보았듯이 승속을 가리지 않는다.
'주인공'을 찾는 일은 누구나에게 중요한 일이기 때문이다.

> 이름이 대혼大昏이라 어두운 곳에서 잠만 잘까 두려우니,
> 모름지기 향긋한 차 자주 달여 마시게나.
> 날마다 염불을 하는 것은 본래부터 꿈속의 일이니,
> 부처님 본부를 받잡거든 그대는 전하시게.

차를 얻으러 온 승려의 이름이 대혼大昏이었던 모양이다.
이에 무의자는 그에게 차를 나눠 주며 그의 이름을 빌려서 시 한 수를 짓는다. 이름처럼 어두운 곳에서 잠만 자지 말란다. 산다는 것이 본래 '한바탕 꿈' 대혼이거늘, 잠에서 깨어 행하는 염불도 수행도 꿈속의 일이다. 나아가 '한소식' 듣는 것도 꿈속의 일이다. 차 마시며 정신차려 대혼 속에서 열심히 수행해 해탈하길 바라는 내용이다.

불교는 흔히 불립문자不立文字라고 한다. 더 정확하게 이야기 하

면 선禪을 불립문자라고 한다. 그런데 무의자는 위 시에서 '대혼大昏' 이란 이름을 빌려 대혼이란 사람을 대혼이라 부르면서 충고를 하고 있다.

흔히 선문에서 달이란 존재를 깨우쳐 주기 위해 달을 가르치듯이, 상대의 존재를 깨우쳐 주기 위한 방법으로 현상계의 상대 이름, 나아가 상대의 '주인공'을 불러 주의를 환기 시키고 있는 것이다.

이러한 방법이 구사된 또 다른 시를 보기로 하자.

> 실제는 본래부터 잠잠하니 고요하고,
> 신기는 저절로 영험하고 밝도다.
> 운명을 따르고 허랑한 생각 잊는다면,
> *혼침昏沈, *도거掉擧 두 기둥에 무슨 상관이 있을소냐?
> 정신이 맑디 맑아 잊음 없는 것이 진眞이요
> 고요히 분별치 않음이 바로 일一이라
> 다만 그대 이름 저버리지 않으면 되는 것을,
> 무엇하러 다른 방법을 쓰려는가?

진일 상인이 와서 말하기를, "저는 타고난 성품이 산란하여 능히 다스릴 수 없으며, 혹 고요한 곳에 엎드려 있더라도 곧 마음이

---

*혼침昏沈 : 어둠이 내리는 것
*도거掉擧 : 크게 흔들리는 것

우울하여 아무것도 할 수 없는 상태에 빠지게 됩니다. 오로지 이 두 가지가 병인데 청컨대 법문을 배워 이 병을 다스릴 처방을 삼고자 합니다" 하였다.

진일이란 승려가 마음이 산란하고 우울한 성벽이 있어 수행의 괴로움을 느끼고 있었던 모양이다. 이에 무의자는 '진일眞一'이란 이름을 풀어 그에게 처방을 내려준다.

맑은 정신으로 무분별지를 얻는 것이 바로 '진일眞一'이란다. 이름에 걸맞은 자세로 수행 정진하라는 뜻이다.

유가식으로 말한다면 명실이 상부한 존재가 되라는 말이다.

정명을 예기한 것이다.

그런데 명실이 상부한 존재가 되라는 말을 불가적으로 바꾸어 표현하면 본래 면목과 부합하는 인간이 되라는 말이다.

현상적으로 "아무개야!" 하고 부를 때 다름아닌 아무개가 "예" 하고 대답하듯이 아무개라고 부르는 손가락질을 통해서만이 본래의 '주인공'을 확인할 수 있는 것이다. 결국 '주인공'은 이름이라는 일상의 형식을 통해서만이 설명할 수 있고 다른 개체와 식별될 수 있는 것이다.

그런 연유에서 무의자는 후학들의 이름을 풀어 그들 각각에게 깨우침을 주는 방법을 자주 사용하였다고 본다.

아래의 네 편의 시들은 시자 스님들이 게송을 구하길래 라는 큰 제목 아래에 함께 묶여 실린 작품들이다. 두 작품씩 차례로 보자.

마음을 깨달아야 큰 도에 이르나니
범인과 성인은 한데 묶을 수 없는 법
희구希求하면 곧 조사가 될 수 있나니
끊임없이 바다 향한 시냇물을 배우도록 하거라.

미혹의 바람이 깨우침의 바다를 일렁이니
깨우침의 바다에 빈 물거품이 생겨난다.
빈 물거품에 *삼유三有가 들어붙어,
삼유가 잠시 동안 머무른다.
바람이 잠들면 물결은 저절로 고요하고,
거품도 사라져서 생겨날 수 없도다.
잠잠한 절벽의 물가를,
돌아봐도 물결은 아득하기만.

먼저 법호가 희조와 현담인 두 제자에게 주는 시이다.
희조에게는 바다를 향한 시냇물처럼 끊임없이 조사를 희구하면 마침내 깨달음의 경지에 오를 수 있다는 가르침을 주고 있다.
희조라는 현상계의 임시 방편의 이름에서 방법을 찾아 수행에 정진하라는 말이다.
현담에게는 물가의 절벽처럼 담담하라고 한다. 아니 담담의 경지를 넘어 현담이라고 한다. 아무리 미혹의 바람이 깨우침의 바다를 출렁이어 삼유의 거품이 일게 하더라도 자아를 잃지 말고 절벽처럼 의연하라는 가르침이다. 이 시 또한 제자들의 이름을 풀어 깨우침을 주는 내용이다. 다음은 계속해서 요묵了嘿과 자한自閒이란 제자에게 내려 준 시이다.

   마음은 항상 슬기롭고 입은 항상 닫고 있어,
   장차 바보랑 짝할 듯하니 비로소 방편을 얻었구나.
   스승의 문하에서 뛰어난 재주 내 보이지 않으니,
   이는 한 소식하는데 아주 좋은 방편이라.

   종일토록 청산은 흰 구름 속에 있고
   흰 구름은 하루 종일 청산에 있도다.
   산이 구름을 돌아보지 않아도 구름은 산을 좋아하니,
   산과 흰 구름 모두가 스스로 한가하다.

 요묵은 이름처럼 과묵한 제자였던 모양이다. 그리고 확실히 알 수 없지만 아주 겸손하거나 총기가 없는 다소 둔한 승려였을 성싶다. 사실 수행 성불하는데는 다소 우둔한 성품이 보다 낫다는 말이 있다. 그래서 무의자 또한 그에게 아주 좋은 방편을 얻었다고 인정하고 있다. 이 인정은 그런 품성을 잃지 말고 더욱 정진하라는 격려인 것이다.
 자한이에게는 청산과 백운을 빌려 그의 이름을 풀이해 주고 있다. 그 둘은 하루종일 함께하지만 서로가 재촉함 없이 스스로 한

가하다는 뜻이다. 자한에게 청산과 백운 같은 자한의 경지를 얻을 수 있도록 노력하라는 무의자의 당부가 여기 담겨 있는 것이다.

> 나란 본래 모습이
> 탐욕하고 성내고 어리석어서
> 나란 인생수레는
> 탐·진·치貪瞋癡란
> 쐐기에 박혀
> 아상我相과 인상人相의 그늘 속에서
> 삼재와 팔난을 만나
> 고해 바다에 헤매이다가
> 부처란
> 깨달음의 나를 찾아 떠난
> 나는
> 나라는
> 주인공은 나입니다.
>
> ─「나」전문

어쨌거나 무의자는 수행의 틈틈이 도반이나 제자들에게 이름 현상계에서 편의상 붙인 주인공의 이름에 걸맞은 승려가 되기를 당부하거나 수행을 해 나갈 길을 제시하고 있다. 그런데 사찰에서는 서로간에 승려들의 법호를 부르기도 하지만, 때로는 각자 맡은 소임을 이름처럼 부르기도 한다. '원주 스님, 지객 스님'이니 하

는 칭호가 그것이다. 이 소임 또한 주인공을 부르는 현상계의 또
다른 이름이라 할 수 있다.
　다음은 소임의 칭호를 통해서 가르침을 준 시이다.

　　　들자하니, 옛 선화는 흙덩이 깨지는 소리를 듣고,
　　　홀연히 삼천계를 깨우쳤다지.
　　　분부하노니, 괭이자루 네가 지녀 가져서,
　　　그대 몸을 따라다녀 자재할 수 있게 하라

　원두는 사찰에서 채소밭을 가꾸는 소임을 맡은 승려를 지칭하
는 말이다. 성이 검인 원두 스님 하나가 무의자에게 시를 청했던
모양이다. 이에 무의자는 땅을 파던 옛 선화가 문득 해탈하였던
일화를 빌려, 소임에 충실할 것을 권면하고 있다.
　해탈이란 반듯이 어떤 특별한 형식을 지닌 수행에 동반하는 것
이 아님을 이야기하고 있는 것이다.
　자신이 원두로 불릴 때 원두는 곧 자신의 외양이며, 또 다른 자
신인 것이다. 무의자가 물에 비친 자신의 모습을 비추어 보며 본질
적인 자아를 모색하였던 일처럼 원두는 원두로서의 일상의 임무를
자각하고 이를 통하여 자신의 본질을 추구해야 한다는 것이다.

　　　어질다고 하는 마음
　　　옳다고 하는 마음

올바르다고 하는 마음
안다고 하는 마음
이것이다고 하는 마음 속에
간장이 있고
비장이 있고
대장이 있고
심장이 있고
폐장이 있어
'안·이·비·설·신·의'가 부합된 나는
살아 숨쉬는 실상이
나의 모습인 까닭에
나
나라는 주인공 입니다.

- 「나」전문

    이처럼 주인공 화두를 통하여 선정 수행과 교화에 골몰했던 승려 무의자의 모습을 살펴보았다. 이제부터는 수행의 여가에 끓어오르는 시심을 토로한 일련의 시들을 통해, 승려이자 한 사람의 시인으로서의 무의자의 일상적인 면모를 살펴보기로 한다.

    사신의 그림자가 조계수로 떨어져,
    휘황찬란한 광채가 천지간을 비추누나.
    위엄으로 빈한한 중 위협해도 어쩔 수가 없으리니,

비로소 아시리라, 중이란 코뚜레로 꿸 수 없는 소 같은 존재임을.
조정에서 불렀지만 응하지 않고 이 시를 지었음.

중사란 서울에서 온 사신을 부르는 말이며 조계수는 실제의 물을 가리키는 것이 아니라 지금의 송광사 즉 옛 수선사 절을 빗대어 쓴 표현이다. 황씨 성을 가진 사신이 조직 칙서를 가지고 도성에서 내려 온 모양이다. 몇 차례 왕의 부름에도 결코 도성 안에 발을 들여 놓지 않았다는 비문의 일화로 보아, 아마 이때에도 왕이 서울로 불렀던 모양이다.

아무리 위협해도 응하지 않겠다는 결의를 내보이고 있는데 자신을 콧구멍 없는 소로 비유해 코뚜레로 꿰어갈 수 없을 것이라 한다. 다시 말하면 이 결의는 선승으로서의 자기 본분에 충실할 것을 나아가 수선사를 기반으로 하여 선풍을 진작시켜야 하는 사주로서의 자기 직분에 충실할 것을 역으로 나타내 보인 것이라고 하겠다.

다음 시 또한, 정치 집단과 일정한 거리를 두고 있는 무의자 자신의 모습이 투영된 작품이다.

산 꿩이 알을 놓았다. 무성한 풀숲에다
사람들이 가져다가 닭 둥지에 넣었다.
닭은 사심 없이 모두 쪼아 알을 깠다.
꿩이 점점 자라나서 닭의 뜻에 어긋났다.
종자가 다르면 끝끝내 어쩔 수 없지마는,

고요히 생각하니 마음에 깨우침이 있도다.
이와 달리 올빼미를 생각해 보면 새끼가 어미를 잡아먹지요,
그대에게 감사드리는 일 줄었지만 그대의 마음만은 알고 있답니다.

무신 집권기는 이전까지 성행하던 교종이 몰락하고 대신 선종이 부상하던 시기이다.
왕권 지배체제에 결탁하여 거대한 세력을 형성하였던 교종은 새로운 무신 집권체제에 대항, 여러 차례에 걸쳐 봉기를 일으킨다. 특히 1217년에는 거란 병을 물리치고자 출동했던 승군들이 도리어 최충헌을 공격하는 사건마저 발생하였다. 비대한 사원 경제를 바탕으로 승병을 갖추고 체제를 위협하는 기존의 교종 세력을 최씨 정권은 좌시할 수만은 없었다.

> 동토凍土 뚫은
> 노오란 복수초
> 곳곳에 돋아나
> 잠든 봄을 깨웠고
>
> 잔설 이었던
> 홍매화 꽃잎
> 난분분亂紛紛* 날려
> 붉은 융단 깔았고

공작새 날개 같은
연분홍 자귀꽃
산산이 흩뿌려져
분홍 이불 폈고

벌나비 넘나들던
하이얀 추국秋菊
향기 멈춘 지
이미 오래이고
앞에 왔던 시간은
뒤에 온 세월에
미련 없이 자리를 내주며
찬바람머리*에 섰는데

밟아 온 인생사는
반연絆緣*도 풀지 못하고
속진俗塵*에 찌든 삶은
무엇이 그리 아쉬운지

오탁汚濁*에 물들어 있는
사바세계를 떨어내지 못하고
일주문 밖에서
가년스럽게* 바장이네*

*난분분亂紛紛 - 눈이나 꽃잎 따위가 흩날리어 어지럽다.

*찬바람머리 – 가을철에 찬바람이 불기 시작할 무렵.
*반연(絆緣) – 뒤얽힌 인연.
*속진(俗塵) – 세상의 여러 가지 번잡한 일.
*오탁(汚濁) – 더럽고 흐림.
*가년스럽게 – 보기에 몹시 궁상스럽다.
*바장이고 – 부질없이 같은 길을 오락가락하다.

– 「삶」 전문

 무자비한 진압을 자행한 것이다. 결국 최씨 정권은 체제 저항적이며 부패 혼탁한 교종 세력을 배격하게 되었으며, 마침내 심산유곡에서 개인의 철저한 수행을 위주로 하는 정혜결사 운동의 산물인 수선사를 물심양면에서 지원하게 되었던 것이다.
 그런데, 무의자는 최씨 정권의 지원을 받으면서도 거기에 크게 동조하거나 참여하지 않는 것으로 보인다. 무의자 비문에 보면, 특히 최우는 무의자에게 지원을 아끼지 않는 것으로 나타났다. 그럼에도 이에 대해 무의자는 덤덤할 정도로 별 반응이 없다. 다만 감사의 편지를 올리는 정도이다. 아마도 선풍을 진작하는 데 있어서, 정치 현실에 관한 참여는 방해요인이라고 인식한 듯싶다. 어쨌거나 무인 정권에 대해 무의자는 일정한 거리를 두고, 공간적으로도 끝내 도성 안으로 입성하지 않는다. 한 사람의 선승으로 본분에 충실하면서 남녘땅의 산간에서 수행에만 정진한 것이다.
 위의 시는 아마도 최우나 혹은 무신 정권의 핵심 인물에게 올리는 작품으로 여겨진다. 닭이 꿩알을 품어 깨어나도 닭은 닭이요, 꿩은 꿩이라는 내용으로 시가 전개된다. 끝내 종자가 다르면 어쩔 수 없음을 인정해야 한다는 것이다. 당신은 속인이자 세력가로서 번화한 성 안에서 살고 있지만, 나는 일개 승려로서 궁벽진 산 속에서 살아가는 존재임을 밝혀 상호간을 구분하는 선을 분명하게 긋고 있다. 현실적으로 여러 가지 지원을 받고 있지만 선승 집단의 대표자로서의 자신의 위치와 처신을 상대방에게 확인시켜 주고 있음이다.

그리고 같은 종자라도 올빼미는 새끼가 어미를 잡아먹기도 한다고 하면서 비록 종자는 다르지만 언제나 감사의 마음을 잊지 않고 있다고 매듭지었다. 꼭 동료가 되어야만 이로운 것은 아니다는 말이며, 선명하게 밝히는 대목이다. 함께 정치 현실에 참여할 수는 없지만 국가의 안녕은 산사에서나마 기원하고 있다는 뜻이리라.

나라의 부름도 당국자의 부름도 거부하고 절간에 틀어박혀 참선에나 몰두하고픈 무의자의 심회가 드러나는 시가 이 시이다.

절간에 주인이 돼도 이 또한 걱정이니,
세상 싫은 승려들이 귀찮게도 찾아든다.
바위 사이 뚫린 길은 이끼 길러 막아두고,
바닷가에 솟은 산은 사립 닫아 밀쳐둔다.
종일 부는 솔바람은 맑은 소리 듣기 좋고,
때 맞춰 뜨는 산의 달은 내 좋은 친구로다.
다행히 내 집은 저절로 속박을 벗었으니,
일생을 운수의 마음으로 살아갈까 맹세한다.

수선사를 벗어나 천관산 의상암으로 잠시 거처를 옮겨 지내면서 지은 시이다. 주지의 지위도 무의자 개인의 수행에는 무척이나 번거로운 자리였던 모양이다. 그래서 절집을 찾아오는 길을 막고 닫는다. 홀로 대 자유를 만끽한다.

아침이슬은
영롱하고
햇살도
맑아
동화같이
아름다운
날

불두화
꽃잎에
향기로운
인연
맺힐
좋은
날

- 「좋은 날」 전문

솔바람 산달과 벗하며 유유자적하는 모습이다. 주지의 자리도 귀찮은 그에게 당연히 번화한 속세, 그것도 서울과 정치 현실은 차라리 잊고 싶은 것들이었으리라. 그런 무의자 기질 탓인지 그의 시에는 현실의 모습은 거의 반영되지 않는다. 철저한 수행자의 모습과 서정만이 그려지고 있다. 뒷날 원감국사 충지가 현실 세계를 사실적으로 그려 냈던 기풍과는 전혀 다른 양상이다.

산사의 구성원들은 물론 승려들이다. 무의자 또한 이들과의 관계 속에서 수행과 교화를 행하였던 존재이다. 따라서 이들과의 관계 속에서 지어진 시들이 곧잘 눈에 띄기도 한다. 간단히 몇 편만 보기로 한다.

먼저 사형의 부음을 듣고 지은 시이다.

> 올 때도 나 보다 먼저 오시더니,
> 갈 때도 나 보다 먼저 가셨구려.
> 진중하던 변사형이시여!
> 아득하게 혼자서 멀리도 떠나셨구려.
> 내 어찌 오래도록 머무르랴!
> 부질없는 인생살이 나그네 신세인 걸
> 가고 머문 발자취 돌이켜봐도,
> 털끝만큼이나 얻을 것이 없구려.
>
> - 「변사형 부음을 듣고」 전문

나
*칠정七情의 감각기관을 잘 다스려
바른 생각을 모으고
마음에 식을 잘 조절하여
늘 생각하는 매사가
슬기로우며
마음이 일어나는 모양을
잘 관찰하여
온갖 세간의 모든 것을
두루 섭렵하되
번뇌와 망상이 일어나는 것을
다 끊어 버리고
적멸에 드는 그와 같은 수승한 법을
혼자 있는 것이라 말하며
이를 수행자라 한다
마하반야바라밀.

*칠정-불교에서는 희노우구애증욕(喜怒憂懼愛憎欲)을 말함

-「나」전문

  화려한 수식이나 기교를 배제하고 복받치는 슬픔을 잔잔하게 표현한 작품이다. 사람들은 이 한세상 왔다가 가는 것이 인지상정이다. 자신 보다 먼저 왔던 사형이 먼저 갔다. 이제 머지않아 자신에게 닥칠 죽음도 감지가 된다. 그러나 돌이켜보면 부질없는 것이

인생살이 아니던가? 무엇 하나 얻은 것 없이 무소유 신분으로 돌아가는 것이다.

사형의 부음에 우선 인간적인 슬픔을 느끼면서 새삼스레 수행자로서 무소유를 깨우치는 무의자의 모습이 부각되는 작품이라고 하겠다.

앞서 서술한 시가 사형의 죽음을 애도한 시라면 다음에 소개되는 시는 선배에게 고마움을 전하는 시이다.

너무도 고마운 손, 천선생이시여
몇 줄기 대나무를 옮겨 온 이후.
눈앞에 더운 기운 사라지고,
창밖에 바람 소리 납니다.
어스름 저녁 빛엔 푸르스름 안개와 어울리고,
맑은 밤하늘엔 밝은 달빛이 새어납니다.
더욱 사랑스런 것은 찬비가 지난 후에
잎마다 매달린 이슬방울.

무의자의 처소에 대나무를 옮겨 준 천선배에게 감사의 마음을 전하는 시이다. 짧은 치사 뒤에 정취 어린 대나무 모습의 묘사가 이어진다. 청각과 시각적인 효과를 누린 수법이다. 더위를 사라지게 하는 댓잎에 스치는 바람소리, 안개에 덮인 대나무의 실루엣, 하늘대는 잎 사이로 부서지는 달빛, 잎에 매달린 이슬방울 모두가

정감어린 모습이다. 번다한 감사의 말씀보다는 오히려 대나무의 운치 넘치는 여러 모습들을 곱게 그려 냄으로써, 대나무를 전해 준 선배에게 고마운 마음을 감동적으로 전하고 있다. 나아가 두 사람 사이에 흐르는 담박하고 따뜻한 애정까지도 느껴진다.

지금부터 살펴볼 작품들은 승려의 손길이라고 느끼기 어려울 정도로 무의자의 서정이 무르녹아 있는 시들이다. 시인으로서의 무의자의 섬세하고도 고운 정감이 녹아 있는 작품이다.

비 개인 뒤 시원스레
목욕하고 나온 듯,
내가 엉겨
푸르름은 방울져 떨어질 듯.
뚫어지게 바라보다
정다운 시 읊조리니,
온 몸이
차고도 푸르다.

나
외로운 혼
홀로이
서쪽으로 향할 날
가련타
인생살이

오늘 사람 내일인데
나의 삶
영혼의 무게는
몇 그램의 무게일까?

- 「나」 전문

　비 개인 뒤의 상쾌한 정서가 어여쁜 시어를 통해 톡톡 튀어나는 느낌이다. 눈앞에 전개되는 산천이 마치 비에 씻겨 목욕이라도 시킨 양 상큼하다. 내까지 덮여 그 푸르름에 물방울이 듣는 듯하다. 여기에 정겨운 시가지 읊조려 보니 마음은 벌써이고 몸까지도 서늘한 게 푸르름이 번져나는 기분이다. 이렇듯 무의자는 선시와 서정을 포함한 시인이자 승려다.
　마지막 작품으로 봄을 시간적 배경으로 하고 있는 작품을 보도록 하자.

　　봄이 장차 저무는 걸 남몰래 슬피 여겨,
　　조그만 꽃밭에서 시 한 수를 읊노라.

　　잎사귀에 바람 부니 놀란 듯 푸름이 날리고,
　　꽃잎에 비 내리니 나풀대며 붉은빛이 떨어진다.

　　나비란 놈은 붉은 꽃술 물고 가고,

꾀꼬리란 놈은 푸른 버들눈을 맞아 온다.
향긋하니 보드랍고 따스한 봄날 일
새순들은 솔잎과 댓잎처럼 차고도 담박한 모습일세.

이 시 또한 무의자의 색감이 도드라지는 작품의 하나이다.

'잎사귀에 바람 부니 놀란 듯 푸르름이 날리고 꽃잎에 비 내리니 나풀대며 붉은 빛이 떨어진다' 는 것은 직설이나 그런데 '나비란 놈은 붉은 꽃술 물고 가고 꾀꼬리란 놈은 푸른 버들눈을 맞아 온다'

가히 생각하지 못할 입체적이다.

색깔을 이용하여 봄이가고 여름이 다가오는 자연 현상을 함축적으로 묘사하고 있으니, 그의 탁월한 색감과 문학적 감수성을 인정하지 않을 수 없는 것이다.

이 부분을 풀어서 설명하면 다음과 같다. 나비가 꽃을 빨다 날아가면 마침내 봄이 가고 꽃이 져서 꽃술은 사라지게 됨이요, 꾀꼬리가 날아들어 울기 시작하면 버드나무 가지가 눈이 터서 푸른 빛이 들게 된다는 말이다. 참으로 '향긋하니 보드랍고 따스한 봄날 일' 답게 표현한 대목이라 아니할 수 없겠다.

청정한 비구로서 담박하면서도 해맑은 그의 정신적 내면의 세계와 마음의 내재율을 들여다 볼 수 있는 것이 선시가 아닌가 싶다.

그 외의 작품 중 '전몰암에 잠시 살면서' 세 수를 보면 선승으로서의 진면목을 볼 수 있다.

    옛 바위 굴
    그 속에 한 암자가 있으니,
    이름하여 전몰암.
    내 이 암자에 깃들여 살면서
    다만 하하 웃을 뿐
    말하기 어려우이.

    입술 이그러진 바릿대와
    다리 부러진 솥으로,
    죽 끓이고 차 끓이고
    애오라지 하루해를 보내노라.

    게을러서 쓸지 않고
    풀도 베지 않음에,
    마당풀이 구름같이 자라나서
    무릎이 빠지도록 깊으다.
    느즈막 일어남에
    아침나절 인시를 모르고,
    일찌감치 자리 들어
    황혼의 술시도 기다리지 않아

    얼굴도 씻지 않고

머리도 깍지 않고
불경도 보지 않고
계율도 지키잖고
향불도 사르잖고
좌선도 하지 않고
조사께 부처께도
예불도 드리잖고
사람이 와서 괴이 여겨
무슨 종파인가 물으면
일이삼사오육칠이라
대답할 뿐

말을 않고
비밀 지켜
집안 흥이
바깥에 드러나지 않는다오.

마하반야바라밀……

부처가 따로 없다는 격이다.

옛날 덕산 스님은 토굴 생활을 하면서 보름달이 뜨면 박장대소를 하여 인근 주민들은 미친 중으로 비쳐진 것과도 같다.

자연과 한데 어울려서 사는 모습이다.

바위굴 속에서 수행하면서 행주좌와 어묵동정하면서 시간과 공간에 구애 없이 대 자유인으로서 삼라만상을 자연 그대로를 끌어안으면서 본분인 일대사를 궁구하였을 것이다.

오로지 물질과는 단연한 자연인으로서의 삶을 엿 볼 수 있겠다.

십수 년 전 마의태자가 살았다는 월악산 신륵사에 들렀다가 문경 새재 쪽으로 발길을 돌렸는데, 때는 가을철이라 동행한 스님이 우리 송이나 좀 구경이나 합시다. 하여, 스님을 따라 십 리 정도 산행을 하며 여기 저기 산을 기웃 거리다가 송이버섯과 능이를 발견하고 심마니가 다 된 양 정신없이 산을 뒤적뒤적 거리다 어느덧 가을 석양이 노을로 물들 무렵 난데없이 저녁 예불소리가 들려서 스님과 함께 발길을 종소리가 나는 방향으로 향하였다. 이윽고, 사람이 다니는 길을 발견하고 그 길을 따라 산을 올랐는데 깊은 산중에 작은 토굴이 보였다.

아침 까치가 운다고
공연히
한종일 기뻐하지 마라
가연(佳緣)이면
맺을 길을 찾아야지
기다리면 어떡하나!
귀신 까마귀 운다고
매정히
침 뱉고 돌아서지 마라

악연惡緣이면
풀 길을 찾아야지
외면하면 어떡하니!

   도착하여 스님하고 불렀는데 대답도 없어 두리번 두리번 하던 차에 남루한 옷에 긴 수염하며 산발한 머리카락에 우리는 놀랐다. 대뜸 하는 소리가 어디서 무엇하러 이 산중에 왔느냐는 식이다.
   우리는 그래도 같은 처지의 승속이라 예를 갖추고 이 깊은 산중에 오시게 된 동기를 여쭈었고 무슨 종파냐 물었더니 이보시오! 우리는 부처님 일불제자가 아닙니까? 하면서 다그치더니 법주사 문중이오만 스님네는 어떻게 여기까지 왔느냐는 식이다.
   나중에 알고 본즉, 이 스님은 초근목피로 생계를 유지하면서 속세와는 단절을 하고 사시는데 한때는 강원시절 명성을 날리던 스님이셨다.

반연絆緣에 들지 않으려
쑥물 든 옷 입었을 때
햇살 말간 날
애틋한 향기로
잔잔히 젖어 드신
님

지나가는 바람에
쌓인 번뇌 털고
흐르는 물에
망상 씻을 때마다
하얀 나비로 날아드신
님

날마다 좌선(坐禪)*에 들지만
이따금씩 다가서는
혹독한 마희(魔戱)*로
방황하고 흔들리던
마음을 다잡아주신
님
어제도 만났고
오늘도 만나고
내일도 만날 것이지만
만나고 만나도
기쁘고 반가우신
님

*좌선(坐禪) - 고요히 앉아 참선함.
*마희(魔戱) - 귀신의 장난

― 「님」 전문

아무튼 자연으로 귀결되는 생사를 일찍이 초탈하고자 관철한 스님 우리네가 말하는 도道가 크게는 물정을 벗어남으로써 이루어진다는 것을 암시하는 것 같았다.

3. 존자尊者

이 글은 산문으로 문체가 빼어나게 수려하고 미려하여 누구나 여염집 군자나 지적인 미모를 갖추고 덕망을 중시하고자 한다면 그 편린에 나서 나열하고자 한다.

대나무의 성은 퉁소이고 휘는 맑은 그릇이며 자는 군자에 비유함으로 큰 모래밭의 할아버지이자 기름진 땅의 아우라지만 부모의 관향은 알 수 없다.

그는 물가와 상강의 언덕에서 놀기를 좋아하여 바람과 달에 취하고 눈과 서리에 배를 불리니 기골이 냉담하고 정신은 맑으며 절개가 높고 격조가 있어 그 고상함을 대강 알 수 있다.

당나라의 소열과 이태백 송나라의 노황, 문여가와 고려대의 정공, 정찬 등이 모두 절실한 친구로 가장 정이 두텁고 친한데다가, 또 그림을 잘 그려서 그들이 그린 그림은 이 세상에서 보배로 여겨왔다.

존자(대나무)의 덕은, 이루 다 기록할 수 없으나 열 가지를 상재하여 본다.

첫째, 태어나자마자 곧 빼어난 모습이다.

둘째, 늙을수록 더 굳세어 진다.

셋째, 그 무늬가 고르고 청순하다.
넷째, 그 성품이 맑고도 시원하다.
다섯째, 그 소리가 즐길 만하다.
여섯째, 얼굴이 사시에 푸르다.
일곱째, 마음을 비우고서 사물에 응한다.
여덟째, 절개를 지켜 추위에도 견뎌낸다.
아홉째, 그 흠모하는 맛이 인간을 다스린다.
열번째, 많은 재목으로 세상을 이롭게 한다.
그 외, 명월을 벗한다. 청풍을 안고 산다.

그리고 때때로 공양을 베풀어서 상서로운 봉황을 부르기도 하고, 어떤 곳에서는 신통함을 나타내어서 사나운 용을 교화하기도 한다고 한다.

비록 온 세상에 몸을 나누어 존재하면서도 항상 숭상하고 기리는 탓에 당시 고고한 선비들이 존자(尊者)라는 시호를 받쳤다.

    높은 절개에 커다란 키는
    늙어도 시듦이 없고,
    일평생 풍골은
    스스로 맑고도 여위었네.

    그대 긴 대를 사랑해서
    존자로 삼아,

도리어 겨울날의 소나무를 장부라
부르는 걸 비웃누나.

함께하던 선승은
보이지 않거늘,
법을 듣던 돌 호랑이
부질없이 남았구려.
가을빛을 장난삼아 가져다가
바릿대에 바치나니.
달 뭉개고 바람헤쳐
배불릴 수 있을까 없을까?

 무의자 진각국사는 이렇게 한 겨울에 시를 지어 찬미 하면서 자신의 내면을 스스로 들여다보면서 게송을 읊은 것이다.
 또 기축년 겨울에 읊기를

나는 대나무를
사랑하노니,
추위와 더위에도
끄덕도 않고.

세월이 흐를수록
마디 더욱 굳어지고,
날이 오랠수록

마음 더욱 비운다오.
달빛 아래에서
맑은 그림자 희롱하고,
바람 앞에선
범음梵音을 띄우나니.

하얗게 머리에다
눈을 맞으면,
눈에 띄는 정취가
절간에 솟아나네

이렇게 찬미하였다.

4. 빙도자전氷道者傳

빙도자전은 얼음을 비유한 글로서 무의자 진각국사 스님의 박식한 면과 역시 수려한 문체를 엿볼 수 있다.

도자道者의 성씨는 음씨陰氏이고 휘諱는 응정凝淨이며 자字 교연皎然이니 수향水鄕의 사람이다.

그의 아버지는 현영玄英이고 어머니는 청녀靑女라고 한다.

그의 어머니가 꿈에 바람과 서리를 보고 깨어나 임신하여 열 달 후에 낳았는데 아기의 온몸은 유리처럼 환한데다 기골은 쇠나 돌처럼 단단하였다.

어렸을 때 풍혈사風穴寺 머물렀는데 뜻을 깨끗이 하고 몸가짐을 단속하므로 그 모습이 단엄하고 차가워서 침범할 수가 없었다.

자라서는 한산寒山의 상화霜華, 설두雪竇를 두루 찾아가 그윽한 인기를 받았지만, 땅에서는 골짜기에 있었으므로 세상에서는 아는 사람이 없었다.

무의자 스님이 한 번 보고 신기하게 여겨서 이에 추천하여 승려로 만들고 빙도자氷道者라는 호를 주었다.

이로부터 그 이름이 사방에 퍼지게 되었다. 소주韶州 현령縣令 양돌부陽突夫 태양사太陽寺 주지로 청했지만 부임하지 않다가 음성陰城 군수郡守 엄대응嚴大凝이 본래 불도를 믿어 계곡의 추운자리 비워놓고 공公을 세상에 나오게 하니 납자納子들이 구름처럼 모여 들었다.

개당開堂하는 날에 어떤 사람이 그에게 물었다.

"스님께서는 어떤 집안의 곡을 노래하며 누구의 종풍宗風을 이어 받았습니까?"

"설두雪頭의 입을 벌려 상화相火의 기운을 냅지요."

"법에는 취하고 버림이 없거늘, 어째서 태양사의 부름에는 가지 않으셨는지요?"

"그건, 그대가 간여할 바가 아닙니다."

"추위가 오면 불 곁으로 가야 하거늘, 스님께서는 왜 불 곁으로 가시지 않는지요?"

"그대가 간여할 바가 아닙니다."

"추위가 오면 불 곁으로 가야 하거늘, 스님께서는 왜 불 곁으로 가시지 않는지요?"

"나는 추위를 두려워하지 않는다네."

나아가 묻기를,

"모두가 익혀 먹을 때에 날것을 드십니다." 하였다.

"나는 먹지를 않느니라."

"삼세의 여러 부처께서는 불꽃 속에서 커다란 법륜을 굴리시는데, 스님께서도 기꺼이 그렇게 하시겠습니까?"

무의자가 말하였다.

"구름과 달은 같지만, 골짜기와 산은 각각 다르나니라."

"조주선사께서 '저 위 도솔천에는 아마도 등을 지는 이런 해가 없으리니' 하셨는데 스님께서는 도리어 등을 지십니까?"

"나는 곤궁한 귀신과는 다르나니라."

"무엇이 방안의 하나의 등불입니까?"

"보려므나."

"섣달의 달님이 산을 크게 태울 때는 어떻습니까?"

"그만 두거라. 말이 많으면 도에서 멀어지느니."

그리고 이내 말하였다.

"내 마음은 가을 달처럼 맑고 깨끗한 푸른 못 같아서 아무것도 여기에 견줄 것이 없거늘, 내게 어떤 것을 말하려 하는가?"

그러고는 한참 후에 말하였다.

새벽 하늘에 구름은 깨끗하고
된서리는 하얗거늘,
천만의 산봉우리는
찬 빛을 감추었다.

사람들은 모두 그를 이상하게 여겼으니, 그는 평생 먹지도 않아도 배고파하지 않고, 목욕을 하지 않아도 때가 없었으며, 옆구리는 자리에 닿지 않았고, 발은 티끌을 밟지 않았으며, 겨울에도 불을 피우지 않았고, 여름에도 결제를 하지 않았다. 그러다가는 겨울날 납자들이 차로 점심을 대신하는 날 저녁에는 그는 반듯이 조두鉏豆에 이르렀으니 그 가운데에서 말도 하지 않고 웃지도 않으면서 아침까지 오똑하게 앉아서 눈도 깜빡하지 않았다. 까닭에 납자들은 그를 사랑해서 돌아가는 것조차 잊었다.

그는 항상 대중들에게 말하기를,

"쉬고 쉬어 서늘하고 차갑게 하라. 한 가닥 하얀 비단처럼 깨끗이 하라."

하였으니, 그것은 상화霜華의 혈맥을 잊지 않았기 때문이다.

하루는 그 문인들에게 말하기를,

"내가 죽고 난 뒤에는 화장을 해 사리를 주워 세상 사람들을 현혹시키지 말고 온몸을 고향에 묻도록 하여라. 꼭 꼭 부탁하느니라."

하고 이내 게송을 읊었다.

온몸 어둡지 않던
신령한 그 광명,
껍질 모두 꿰뚫어
감춘 것이 없어라.

잠깐 사이 물이 됨을
이상하게 생각마라,
무상이 진실임을
보이려는 까닭이라.

말을 마치자, 고요히 임종을 하였다.

그의 시호를 융일선사融一禪師라 하고 탑의 이름을 징명澄明이라 하였다.

그가 머리를 깎고 구족계를 받은 곳, 세속의 나이와 법랍은 모두 자세히 알 수 없다.

찬하노라.

어떤 이는 공은 평생에 간절簡節하고 엄숙해서 납자들을 접하기를 좋아하지 않았던 까닭에 사후에 뒤 이을 사람이 없어 슬프다 말하누나.

그렇지만 이는 전혀 옳지 않도다. 형상만 보고도 깨우치고 말하지 않아도 믿어서 가만히 통하고 남 몰래 증득한 사람들이 이루 셀 수 없지만 상화와 설두의 도를 크게 떨친 사람이 이 사람만한

이가 없도다.

애석도다. 그의 단점은 더위를 미워한다는 것뿐이라. 그렇지만 불꽃을 향해 달려가는 것은 수도하는 사람들이 가장 꺼리는 바이니 또한 슬퍼할 게 없음이라.

이에 게송을 붙인다.

   월굴月窟에 바람 고요하매
   이슬은 족자에 서리고,
   남전藍田에 날씨 따스하매
   연기가 옥에서 이누나.

   천 가지 세상의 비유로도
   그 모양 말할 수 없음에,
   슬퍼하고 찬탄하고 노래하고 읊조려도
   언제나 부족토다.

   밝기란 해와 같고
   높기란 산 같은데,
   물보다 차가웁고
   옥보다도 밝아라.

   갑자기 녹아내려
   무상을 보였으니,
   이 세상 깨치려는 노파심

이미 흡족하구나.

무의자 진각국사께서 이렇듯 얼음에 비유하여 그 투명하고 밝음과 어느 날 물로 녹아내려 화한 것을 무상에 비유한 것이다.
문체가 수려하고 비유를 하는데 있어서도 걸림이 없다.
삼라만상의 무상한 뜻을 확철대오하라는 큰 스님의 경각심이 보이는 선시라 할 수 있다.

재물은 공덕을 쌓는데 써야

부처님께서 사밧티의 기원정사에 계실 때의 일이다.

어느 날 파세나다왕이 먼지를 잔뜩 뒤집어 쓴 몰골로 부처님의 찾아왔다.

파세나다왕의 몰골에 의아함을 가진 부처님께서 물었다.

"대왕이시여, 어디서 오는 길인데 그렇게 먼지를 뒤집어쓰고 피곤한 몰골이십니까?"

부처님의 물음에 파세나다왕이 대답했다.

"부처님이시여 이 나의 큰 부자였던 마하나마가 며칠전에 죽었습니다. 그런데 마하나마는 자식이 없어 모든 재산을 국고에 헌납하였습니다. 그래서 며칠 동안 마하나마의 재산을 정리하느라 먼지를 뒤집어써 행색이 이렇게 되었습니다."

이에 부처님께서 다시 물었다.

"그 마하나마는 어느 정도 부자였습니까?"

다시 파세나다왕이 대답했다.

"마하나마는 창고에 백천억의 순금을 쌓아 둔 부자였습니다. 마하나마는 재산을 모으기 위해 평생을 부스러진 쌀알과 시래기죽을 먹으며 거칠고 남루한 베옷만을 입었습니다. 그리하여 많은 재산을 모은 부자가 되었습니다. 그러나 마하나마는 돈을 모으기만 했지 쓸 줄을 몰랐습니다. 가난한 사람이나 불쌍한 사람이 찾아오면 문을 닫고 식사를 했습니다. 그리고 부모와 권속에게 까지 인색했으며 수행자를 위해 보시하는 일은 더더욱 없는 지독한 구두쇠였습니다"

    삼생의
    인연으로 맺어진
    이 수승한 천생연분
    꽃에 나비
    승화하듯
    솔향기
    그윽한 송림의 터에
    원앙새 한 쌍이
    저리도 곱게 어울렸네

    삶이란

생의 여정에서
노 저어 갈 등반자이기
사랑 화음 가득 싣고
청실홍실 엮어
저리도 곱게 꽃 물 졌네

하늘빛 청신남
구리빛 청시녀
일심으로 밝힌
동방화촉의 이상 나래에
상서로운 구름일고
환희로 내딛는
백년걸음의 기약마다
영원한 사랑과 행복이 있으라.

파세나다와의 말에 부처님께서는 다음과 같이 말씀하셨다.
"마하나마는 훌륭한 재산가가 아니고. 마하나마는 자신의 재물을 널리 써서 큰 이익을 얻을 줄 모르는 바보였소. 비유하면 어떤 사람이 넓은 들판에 물을 가두어 두었으나 그물을 마시거나 목욕을 하지 않으면 말라서 사라지는 것과 같소. 마하나마는 재산이 있으면서도 복을 짓지 못하고 말았소. 그러나 왕이시여, 재산을 모아 부모를 공양하고, 처자권속을 돌보며, 가난한 이웃과 친구들에게 나누어 줄줄 아는 사람은 현명한 부자라고 할 것이오. 이는 비유하면 어떤 사람이 마을 부근에 연못을 만들고 나무를 심어 그늘을 만들어 사람들이 찾아와 쉬게 해주는 것과 같소. 그렇게 연못을 만들고 나무를 심어 그늘을 만들어주는 사람은 사람들로부터 칭찬을 받을 것이며 그 공덕으로 천상에 태어날 것이오. 재물은 그렇게 쓰려고 아끼고 모으는 것이오."

 이것은 잡아함경에 나오는 이야기로 재물은 모으는 과정도 중요하지만 그것을 어떻게 사용해야 하는지에 대한 가르침을 주는 이야기이다.

    달빛 모아
    반석盤石 깔고
    별빛 담아
    담을 쌓는
    애닲은 마음
    님은 알고나 있을까

    자목련 꽃잎
    피빛으로 지는
    기나긴 봄밤을
    뜬 눈으로 지새우는
    애절한 마음
    님은 알고나 있는지

달빛 모아
달그림자 외로히
잠겨 있는 동이못에
연盞 한송이
피어나길 바라는
간절한 마음
님은 알고나 있을까

어제도 오늘도
기다림의 성문城門에
연등 하나 밝히고
새벽길 들어서길
바라는 마음
님은 알고나 있을까

- 「님은 알고나 있을까」 전문

 인간이 생활을 영위하기 위해서 많은 것들이 필요하지만 그중 우선인 것이 재물인 것에는 이론이 없을 것이다.
 더구나 소유하고 있는 재물이 정당한 노력으로 모은 재물이라면 그런 재물은 적게 있는 것보다 많이 있으면 더 좋은 것이다.
 그러나 재물은 어떻게 축적하느냐와 어떻게 사용하느냐에 따라 그 가치에 대한 의미은 크게 달라진다.
 재물이 많다고 하더라도 그 재물을 개인의 쾌락과 만족을 위해 사용한다면 그런 사람에게 있어 많은 재물은 오히려 독이 된다.

그것은 재물을 쾌락과 만족에 사용하다보면 언젠가는 아무리 많은 재물이라고 하더라도 그 재물은 바닥을 드러나게 되고 그때에 이르게 되면 그 사람은 이미 삶이 만신창이가 되어 있을 수 밖에 없기 때문이다.

그러나 가지고 있는 재물을 자신을 위해서 필요한 만큼만 사용하고 그 외의 재물은 남을 돕는데 사용한다면 그런사람에게 있어서 재물은 많을수록 좋다.

법구경 세속품世俗品에서 이르길 '만물여포萬物如泡 의여야마意如野馬 거세약환居世若幻 내하낙차奈何樂此'라고 했다.

이슬위에 별빛이
알알이 앉았다고 해서
은밀히 젖어들지마세요

능소화 달님 향해
바라기*한다고해서
은은한 미소 짓지마세요

노을이 들꽃에
살포시 내려앉는다고 해서
슬며시 다시오지마세요

쑥물 든 옷을 입었으니
인연의 수繡 놓을 수 없는
떠도는 바람이랍니다

*바라기 - 한쪽만 바라보다.

― 「바람」 전문

즉 '이 세상 만물은 물거품 같고 사람의 마음을 아지랑이 같으며 세상에 사는 것은 허깨비와 같나니 어떻게 이것을 즐거워할 것인가.' 라고 했다.

재물은 영원히 소유할 수 있을 것 같지만 어느 누구도 재물을 영원히 소유할 수 없다.

또 재물은 생활에 있어서 필요한 것이기는 하지만 허망한 것이어서 아무리 많은 재물을 가지고 있는 사람일지라도 죽는 그 순간부터 그 재물은 그 사람에게 있어서 아무 소용이 없다.

그러니 살아생전에 모은 재물이 부정하게 모은 것이 아니라 정당하게 모은 재물이라면 그 재물로 부모를 공경하고, 형제에게 베풀고, 주위의 어려운 사람들에게 베풀어 어려움에 빠져있는 그들이 현실의 고통에서 벗어나게 하는 공덕을 쌓길 바란다.

어려운 사람을 돕는 것이야 말로 부처님의 자비를 실천하는 것이다. 그리고 그것이 복을 짓는 큰 공덕을 쌓는 것임을 잊지 말아야 한다.

육안의 재물에 집착하지 말라

　방송 매체를 접하다보면 하루도 빠지지 않고 보도되는 것이 있다.
　살인, 뇌물수수, 청탁, 권력 남용, 상속재산 분할 소송, 강도, 공금 횡령 등의 뉴스가 하루도 빠짐없이 보도되고 있어 우리들의 마음을 어둡게 한다.
　도대체 이런 하류의 저급한 사건들은 왜 사회 곳곳에서 우후죽순처럼 발생하는 것일까?
　그것은 바로 재물에 대한 욕심 때문이다.
　인간은 이 재물 때문에 남의 귀중한 생명을 빼앗기도 하고, 남을 속이기도 하고, 지인이나 친구를 배신하기도 하고, 권력을 이용하여 남에게 슬픔을 주는 못할 짓도 하기도 하고, 부모형제와의 법정 소송도 불사한다.

이런 일들은 무엇때문에 발생하는 것일까?

그것은 바로 재물에 대한 욕심 때문이다.

사람이 살아가기 위해서 재물이 필수불가결한 것임에는 분명하지만 살아가는데 있어서 재물이 최고의 가치가 되어서는 안된다.

그런데 요즘의 세태를 보노라면 사람들은 마치 재물을 모으는 것이 삶의 절대적인 목표인 것처럼 느껴지기까지 하는데 그 이유는 무엇일까?

휘몰아치는
왜바람*
낭자狼藉 한
풍경소리
옷 벗는
추목秋木
그
러
나
더욱
또렷해지는
각覺

*왜바람 – 방향 없이 이리저리 마구 부는 바람

– 「각覺」 전문

그것은 재물을 심안心眼으로 보지 않고 육안肉眼으로 보기 때문이다.

재물을 심안으로 보지 않고 육안으로 보게 되면 재물은 놓거나 내놓게 되면 그 순간 잃게 된다는 생각에 탐욕의 마음이 생겨나고 그래서 집착하게 되는 것이다.

그러나 재물을 육안으로 보지 않고 '재물을 돈이나 물질이 아닌 부처님의 가피의 표현'으로 보면 어떻게 될까?

즉 내가 얻게 된 재물이 육안으로 보는 그런 돈이나 물질이 아닌 '부처님께서 나에게 내리신 가피'로 여긴다면 상황은 백팔십도로 변하게 된다는 것이다.

재물을 '부처님께서 주신 가피'로 보게 되면 재물은 육안으로 보는 그런 돈이나 물질이 아니기에 재물에 대한 탐욕도 일어나지 않고 집착도 생기지 않게 되고 또 재물이 '부처님께서 내리신 가피'이기에 부처님의 가피에 보답하고자 하는 부처님의 가르침에 부합되는 일에만 마음을 쓰게 된다.

그리고 부처님의 가르침에 부합되는 일을 행하면 행할수록 부처님의 가피는 많아지게 될 것임에는 틀림이 없다.

혹자는 재물이 없으면 어떻게 생활하고 어떻게 사람 구실을 할 수 있느냐고 반문을 하겠지만 재물은 많이 구하고자 마음을 먹고 뺏고 빼앗기를 하다보면 재물은 늘어나기는커녕 오히려 줄어들지만 반대로 재물을 많이 소유하려 하기보다 어려운 이웃을 돕는데 마음을 낸다면 육안으로 보는 재물에는 가난하겠지만 심안으로 보는 재물은 그 누구보다도 풍족하게 된다는 것을 알아야 한다.

그리고 그 심안으로 보는 재물이 바로 '부처님께서 내리신 가피'인 것이다.

풀잎이 무리지어 눕자
가을꽃마저 고개 떨구고

산새소리 멎자
숲도 적막하여

산사는 차차롬히
적막에 잠겨드니

외로운 산승
달빛 안고 잠드네

-「추야秋夜」 전문

육안으로 보이는 재물에 탐욕하고 집착하는 것은 부처님 가르침을 따르는 불자로서는 행할 일이 아니다.

부처님께서는 '만물여포 萬物如泡'라고 하셨다.

즉 '이 세상의 모든 것은 물거품과 같다'는 것이다.

만물이 물거품인데 그 물거품에 집착한다는 것은 우매한 일이다.

그러니 불자라면 육안으로 보는 재물이 풍족하게 가지게 되었을 때 그 재물을 육안으로 보아 끌어안는 데만 급급하지 말고 그 재물을 '부처님께서 내리신 가피'라는 심안으로 보고 어려운 이웃과 사회와 인류를 위해 보시를 베풀어야 한다.

보시는 베풀면 베풀수록 정신적으로 육체적으로나 더 많은 것을 얻게 되고 그것은 그만큼 부처님의 가피를 많이 받는 사실임을 잊지 말라는 것이다.

청화대선사 발원문

온 누리에 충만하시고 영원히 상주하시며 언제나 대자대비로만 중생을 제도하시는 부처님이시여!

이제 저희들은 삼가 일체 만유의 근본이시고 바로 생명 자체이신 부처님께 지극정성으로 발원하옵니다.

본래부터 맑고 밝은 저희 본성이 어쩌다가 어리석은 무명에 가리어 대자대비하신 부처님의 광명을 등지고 탐욕과 분노로 오염된 인생 고해를 헤매이게 되었습니다.

이제 천행으로 부처님의 가르침을 만나뵙고 사무친 환희심으로 부처님께 서원하옵나니, 부처님의 관음대비로 거두어 주시옵소서.

저희들은 오로지 부처님의 가르침에 수하여 청정한 마음과 올바른 행동과 바른말로써 살아가고자 충심으로 서원하오며 한사코

위없는 불도를 성취하여 모든 이웃들을 구제하고자 지심으로 발원하옵나이다.

우주만유의 실상이시며 모든 중생의 고난을 구제하여 주시는 부처님이시여!

부처님의 부사의하신 위신력으로 저희들의 심신이 강건하고, 육근이 청정하며 가정과 사회가 평온하고 나라와 온 세계가 두루 태평하여 필경에 다 함께 생사윤회하는 인생고해를 벗어날 수 있도록 부처님의 대자대비를 드리우시옵소서.

그리고 돌아가신 부모 조상들의 영가와 이 도량 내외의 모든 영가와 온 법계의 일체 영가들이 부처님이 가호하시는 묘력으로 어두운 저승 길에서 헤매지 않고 다 함께 극락세계에 왕생케 하여 주시옵소서.

그리하여 마침내 헤아릴 수 없이 많은 모든 법계의 무량중생들이 본래 청정한 자성을 밝히고 불도를 성취하여 장엄하고 찬란한 연화 장세계에 노닐며 다 함께 극락세계에서 영생의 복락을 누리게 하여 주시옵소서

  탐진치貪瞋痴 삼독 중에
  그 근본은 탐욕이라
  이는 탐욕이 근본이 되어
  성내는 마음이 생기고

어리석음이 생기기 때문이나니
탐욕이 생겨나는 것은
나를 중심으로 하고
나만을 위해서이니
나에 대한 욕심을 버리면
삼독이 봄눈 녹듯 녹아
마음의 눈이 밝아지니
나 오늘도 나를 놓네

-「단삼독斷三毒」전문

육신은 실체實體이어
생生과 멸滅이 있지만
참 마음眞心은 허공과 같아
변하지 않음이라
자심自心은 참 부처眞佛이고
자성自性은 참법眞法이니
나의 마음을 관觀하지 않고
어떻게 성물을 구하겠는가
나를 아음 밖에서 찾지 말고
마음 안에서 나를 찾을 지니라

-「관심觀心」전문

곽암선사 십우송

　우거진풀 헤치며 방향없이 헤매니 강은 넓고 산은 멀고 길은 더욱 험해라 아무리 애써도 찾을 길 없지만 늦가을 단풍 숲엔 매미소리만 들이네

　개울가 나무밑 방초 언덕에 소 발자국 여기저기 널려 있구나 아무리 산이 깊고 또 깊은들 요천비공遼天鼻孔이 어찌딴데 있으랴

　가지위에 꾀꼬리 노래 들으니 따뜻한 봄 바람에 버들 푸르네 여기서 한걸음도 물러설 수 없는데 반가워서 저 멀리 보이는 소 모습 애쓰고 애써서 코를 꿨건만 당기고 당겨도 말을 안듣네

　어떤 땐 내 손에 끌려오다가 어떤 땐 내가 도로 끌려 가누나

　채찍과 고삐를 버리지 않네 혹시나 저 걸음이 딴 길로 갈세라 이제는 서로가 익어졌으니 고삐를 안잡아도 순순히 따르리

　소타고 흔들대며 돌아 오는 길에 피리불며 늦은 안개 보내는 구

나 한 곡조 한 가락의 한 없는 뜻을 그 누가 알아주랴 나 홀로 즐길 뿐 소타고 내 집에 돌아오고 나니 소는 이미 없어지고 사람 또한 한가롭다

　해 뜨도록 늦잠자고 눈을 떠보니 채찍, 고삐 쓸데없이 남아 있구나 채찍, 고삐, 사람, 소 모두 잊으니 텅비어 말과 뜻이 통하지 않네

　타오르는 불꽃 속에 눈을 어이 용납하랴 이제야 바야흐로 얻었다 하오리 본래로 돌아올 걸 공연히 애썼구나 차라리 눈 멀고 귀 먹었던들 집 앞에 물건을 왜 못봤을고 물은 절로 흐르고 꽃은 절로 피어있네

　맨발에 가슴헤치고 저자에 드니 흙과 채를 덮어 써도 언제나 웃음일세 신선의 참된 비결 무슨 소용있으랴 곧바로 마른 나무에 꽃을 피우리

　　　전생前生이든
　　　금생今生이든
　　　내생來生이든
　　　천만사千萬事가 인과因果이어라
　　　전생에 악업을 지으면
　　　금생에 악업에 대한 과보果報를 받고
　　　금생이 아니더라도
　　　내생에 악업에 대한 과보를 받나니

나를 위해 남을 해침은
곧 나를 해침이고
남을 위해 나를 해침은
참으로 나를 살리는 길이니
나 오늘도 스스로 나를 해치노라

- 「나를 살리는 길」 전문

한때는 산천을 만행萬行하며
내 안의 나를 찾았었고
한때 는 법상法床에 올라
사자후獅子吼*를 토했지만
고희古稀를 눈 앞에 두니
모든 것이 허깨비놀음이었네
봄이 되면 만물은
때를 만나 각기 멋을 내지만
속가와 인연을 끊었는데
다시 멍에를 매서
무엇을 구하겠는가
불법을 받들면서
도반들과 흉금을 털어놓고

---

*시자후獅子吼 -사자가 울부짖는 소리라는 뜻으로, 석가의 설법에 모든 악마가 불교에 귀의하였다는 말로서 진리나 정의를 당당히 설파하는 것 또는 크게 열변을 토하는 것을 비유한 말이다.

선시감상 261

즐겁게 이야기하다
천명天命이 다하면
붙국토에 드는 것이
마지막 낙이로세

― 「락樂」 전문

순치 황제 출가시

　곳곳에 총림이요 쌓은 것이 밥이거늘 대장부 어디간들 밥세그릇 걱정하랴 황금과 백옥만이 귀한줄 알지마소 가사 옷 얻어 입기 무엇보다 어려워라

　이내 몸 중원천하 임금노릇 하건만은 나라와 백성걱정 마음 더욱 시끄러워 인간의 백년 살이 삼만육천 나날이 풍진 떠난 명산대찰 한나절에 미칠손가

　당초에 부질업는 한 생각 잘못으로 가사 장삼 벗어치고 곤룡포를 감게됐네 이몸을 알고 보면 서천축 스님인데 무엇을 반연하여 제왕가에 떨어졌나

　이 몸이 나가기전에 그 무엇이 내몸이며 세상에 태어난 뒤 내가 과연 뉘런가 자라서 사람노릇 잠깐동안 내라더니 눈 한번 감은 뒤에 내가 또한 뉘런가

백년의 세상 일원 하루 밤의 꿈속이요 만리의 이 강산은 한판 노름 바둑이라 대우씨 구주긋고 탕임금은 걸을치며 진시황 육국먹자 한태조가 새터닦네

자손들은 제 스스로 제살 복 타고나니 자손을 위한다고 말, 소노릇 그만하소.

수 천년 역사위에 많고 적은 영웅들아 푸른 산 저문 날에 한줌 흙이 되다말가

올적에 기쁘다고 갈적에는 슬프다고 속없이 인간에 와 한 바퀴를 돌단말가 애당초 오잖으며 갈일조차 없으리니 기쁨이 없었는데 슬픔인들 있을손가 나날이 한가로움 내 스스로 알 것이라

이풍진 세상 속에 온갖 고통 여일세라 입으로 맛들임은 시원한 선열미요 몸 위에 입는 것은 누더기 한 벌 원이로다

오화와 사해에서 자해로운 손님되어 부처님 도량안 마음대로 노릴세라 세속을 떠나는 일 하기 쉽다 말을 마소 숙세에 쌓아놓은 선근없이 아니되네

십팔년 지나간 일 자유라곤 없었도다 강산을 뺏을려고 몇번이나 싸웠드냐 내 이제 손을 털고 산 속으로 돌아가니 만가지 근심 걱정 내 아라아곳 할 것 없네

　　나의 깊은 곳 어딘가에 있어
　　나는 너를 날마다 마주치지만

너는 나를 언제 한번
아는 체한 적 있는가
허공까지 일체의
기氣와 운運이 모여
작은 우주를 만드나
이유도 모른 채 산산히 부서지고
만물은 조건없이 모였다 흩어지고
흩어졌다 모여 먼지되어
허공에서 춤을 추고
그렇게 생겼다 없어지면서
날마다 휘돌고 있구나
존재도 일체도 없는
텅 빈 허공 속에 제각기
존재의 근원을 찾아다니지만
하루도 거르지 않고 날마다
꿈속에서 생과 사의
경계를 구별 짓는구나
대몽大夢에서 깨어나니
내 안의 너를 만나나니
아차! 이것이로구나

-「대몽」 전문

부설거사 사부시

  아내와 자식들 일가친척 빽빽하기 대밭 같고 금, 은, 옥, 비단이 언덕처럼 쌓였어도 죽음에 당도하니 내 한몸만 홀로가니 생각하고 생각해봐도 허망할사 세상사여 나날이 부지런히 번거롭고 속된 세상 벼슬이 조금높자 머리카락 희어지네 명부의 염라대왕 금어관대 우습게 봐 생각하고 생각해도 허망할사 세상사여 비단결에 수를 놓듯 미묘한 무애변재 천변시 문장으로 만호후를 비웃어도 무량세도 너다나다 잘난자랑 길어올 뿐 생각하고 생각해봐도 허망할사 세상사여 설사 설법을 비오듯 하여 하늘에 꽃비내리고 무정이 깨어남을 감득해도 번뇌를 못끊으면 생사를 못면하나니 생각하고 생각해봐도 허망할사 세상사여.

  빛으로 동녘이 열리는자 하더니

지은 것 하나 없는데 어느덧
어둠으로 서녘이 잠기니
어제와 같은 오늘을 보냄에
좌복坐服을 부여잡고 통곡을 하지만
그 대상을 알 수 없어 맥맥하네*

밤은 나를 쉬라하지만
온 종일 취한 것 하나 없고
내 안의 들어있는 너는
여전히 아스라하기만* 하여
내 안의 너를 찾지도 못했는데
내 어이 쉴 수 있겠는가

한오백년 살 것 같아
휘 두르며 살아왔지만
내 안의 너를 마중도 못하고
육신은 어느덧 도래솔*되었으나
그래도 내안의 너를 찾고 있음에
밤이 어둡기만 하지 않네

*맥맥하네 – 생각이 잘 돌지 않아 답답하네
*아스라하기만 – 기억이 분명하게 나지 않고 가물가물만
*도래솔 – 무덤가에 죽 늘어선

－「내안의 너 찾기」 전문

만유萬有의 실상實相을 증득하니
인人도 없어지고
법法도 없어지네
법法에 대한 집착이 없어지니
인人에 대한 집착이 없어지고
인人에 대한 집착이 없어지니
나我에 대한 집착이 없어지나니
참 나眞我를 찾는길이
여기에 있나 하더이다

-「무집착無執着」 전문

학명선사 왕생가

　가봅시다 가봅시다 좋은 국토 가봅시다 천상 인간 두어 두고 극락으로 가봅시다 극락이라 하는 곳은 온갖 고통 전혀 없어 황금으로 땅이 되고 연꽃으로 대臺를 지어 아미타불 주인되고 관음세지 보처補處되어 사십팔원 세우시고 구품연대 벌리시어 반야용선般若龍船 내어보내 염불주생 접인할제 팔보살이 호위하고 왕보살王菩薩·引路王菩薩노를 져며 제천음악諸天音樂가진풍류 천동천녀 춤을 추며 오색광명 어린곳에 생사대해 건너가서 연태蓮胎중에 화생하고 무량복락 수용하며 너도나도 차별없이 필경성불 하고마네 장하도다 우리형제 동공발심 대원으로 허송세월 하지말고 하루바삐 아미타불 유심정토唯心淨土어디이며 자성미타自性彌陀누구던가 천념만념千念萬念 무념으로 반조자성返照自性간단없이

　나무 아미타불

속제俗諦와 진제眞諦가 둘이 아니며

무정無情과 유정有情이 둘이 아니고

세간법世間法과 불법佛法이 둘이 아닌 것은

그 어느 것에나 진리가 들어있기 때문인데

남의 것은 부러워하고

나의 것만 찾으려하니

분별심만 생겨나

범부凡夫에서 벗어나지 못하나니

출가한 수행자 중에

부처님과 어깨 겨룰 이

몇이나 되겠는가

몸은 법당에 들었으나

마음은 일주문 앞에서 서성이고

길을 알고 있으나

길을 잃고 있는 것 같음에

애닯음만 더하누나

*속제俗諦 - 세상에서 일반적으로 인정하는 진리로, 여러 가지 차별이 있는 현실 생활의 이치를 이른다.
*진제眞諦 - 제일의 진리, 열반, 진여, 실상, 중도 따위의 진리를 이른다.

― 「망도忘道」전문

향산거사 백낙천 서원

내 나이 벌써 일흔하날세.
다시는 풍월로 일삼지 않겠네.
경을 보자니 안력(眼力)만 소모되고,
복을 짓자니 세파에 분분(粉粉)할까봐
그러면 무엇가지고 심안을 제도할고.
한 글귀 아미타가 있지 않은가.

가도 아미타
앉아도 아미타

아무리 바쁘기 화살 같아도
아미타불 생각만은 놓지 않을세.

달인은 아마 나를 보고 웃을터이지.
그들은 흔히 아미타를 싫어하니까.
통달하면 대관절 어찌 되는고?
통달치 못한댓자 또한 어떤가?
달達 부달不達을 막론하고 법계중생은 한 가지로 아미타불 널리 권하리.

    샛별빛 담긴 샘물 길어
    세수洗手하니 마음이 맑아지누나
    공경히 불경을 받들고
    경건히 독경을 하니
    사적事迹*만 좇고 있는
    중생들이 가여워라
    내 어찌 이들을 구제하려나
    생각만으로도 기뻐
    찾는 이 하나 없어
    도량에 누운 외솔그림자
    더욱 외로워져도
    마음 만은 아니 흡족하겠는가

    *사적事迹 : 일거리를 만든다

    —「만희滿喜」 전문

나를 찾아가는 길

인쇄일 2019년 4월 22일
발행일 2019년 4월 25일

지은이 우탁 스님
펴낸이 박철수
펴낸곳 도서출판해암

등록번호 제325-2001-000007호
주소 부산시 중구 백산길 17, (동광동 3가 삼성빌딩 702호)
전화 051)254-2260
팩스 051)246-1895
메일 haeambook@daum.net

ISBN 978-89-6649-166-7 03810

값 20,000원

*이 도서의 국립중앙도서관 출판예정도서목록(CIP)은 서지정보유통지원시스템 홈페이지
(http://seoji.nl.go.kr)와 국가자료종합목록시스템(http://www.nl.go.kr/kolisnet)에서
이용하실 수 있습니다. (CIP제어번호 : CIP2019015922)